开练

潜意识营销才是超级营销

军师唐堂 著

特价书

祝 ＿＿＿＿＿＿＿：

2019年·厦门

图书在版编目（CIP）数据

开练：潜意识营销才是超级营销 / 军师唐堂著. —厦门：鹭江出版社，2019.4

ISBN 978-7-5459-1588-4

Ⅰ.①开… Ⅱ.①军… Ⅲ.①营销理念—研究 Ⅳ.① F713.50

中国版本图书馆 CIP 数据核字（2019）第 047055 号

KAILIAN: QIANYISHI YINGXIAO CAI SHI CHAOJI YINGXIAO

开练：潜意识营销才是超级营销

军师唐堂　著

出版发行：	鹭江出版社
地　　址：	厦门市湖明路 22 号　　　邮政编码：361004
印　　刷：	三河市兴博印务有限公司
地　　址：	河北省廊坊市三河市杨庄镇大窝头村西　邮政编码：065200
开　　本：	880mm×1230mm　1/32
印　　张：	10
字　　数：	195 千字
版　　次：	2019 年 4 月第 1 版　2019 年 4 月第 1 次印刷
书　　号：	ISBN 978-7-5459-1588-4
定　　价：	49.80 元

如发现印装质量问题，请寄承印厂调换。

| 赞誉 |

潜意识营销才是超级营销

唐堂是一名营销咨询师,后来又成了一名心理学研究者,特别擅长催眠和潜意识营销,为国内众多媒体所关注,相关报道点击阅读的人次竟然不可思议地突破了一个亿。堂堂正正的唐堂,终于拿出了一部堂皇大作。乐为唐堂弟子大加点赞!

——张大旗　中国商用语言学大师、《玩语言》《出卖天机》作者

唐堂是个死磕自己持续迭代的思想者。一年前见他时他还在琢磨定位与定心的优劣,一年后再见他,已经将两者融合,并结合自己的潜意识营销,生发出一套全新的营销战略打法。而这套聚焦在人心的战略思维,正好契合这个人口红利接近尾声人心红利开始流行的时代。一个与时代共振的思想者,他的思想,你值得拥有。

——邓辉哲　58品牌导师、混沌大学教练、悦力品牌集团董事长

开练：潜意识营销才是超级营销

潜意识这个角度很值得挖掘，事实上，唐堂先生成功开创了"潜意识营销"这个新品类，这个很有科学性，穷追下去就出来一个潜意识营销大师了。

——侯德夫　《成效管理》《超越科特勒》作者

感觉《开练》一书的内容偏营销，处在品牌战略层面。美国营销界现在有一种广告方法叫"潜意识广告"，所以唐堂先生的观点在学界应该可以接受。

——冯卫东　天图资本CEO、心矛国家品牌智库副主任

商场如战场，竞争不可避免。你拿个石头砸鸡蛋，鸡蛋碎了。换个方式，拿个鸡蛋去砸石头。结果，还是鸡蛋碎了。因此，赢得商业竞争的前提在于找到一个系统或品类，你的身份是石头，就够了！唐堂先生说的这一点，正是营销战略的关键点！

——戴跃锋　御家汇股份有限公司创始人

我们无法用创造出问题的同一层思想，去解决重大问题。有两个方向可以获得认知突破：1. 向外，更高维度，站在高峰看迷宫。2. 向内，通过潜意识开发人的潜能。无疑唐堂是这方面的高手，透过心启发智。

——龚凯　集和品牌管理股份创始人、战略品牌家

赞誉：潜意识营销才是超级营销

心理学是营销的基础学科，只有基于人类潜意识去做功课、做研究，才能真正影响人的消费行为。唐堂老师通过多年的学术研究与实战总结，挖掘营销的底层逻辑。他将告诉你，做营销不是洗脑，而是潜意识沟通。

——空手　省广集团策略群总监

《开练》是唐堂老师将十余年潜意识营销实践经验与品牌营销战略相融合的新巨作，并在我们团队做内测，首度分享部分精华内容：真正决定人行为的是那95%潜意识，如何突破意识影响潜意识？如何先胜而后战？潜意识营销才是超级营销！尤其适合企业内训、新人入职、工作总结时组团练习。42天开练大行动，你我开练！

——龙希望　采纳品牌集团合伙人、协尔创谷创始人

营销战略遇到困惑，我推荐你去找唐堂。他是一个非常人！尤其是互联网营销领域，能够带给你不一样的思维方式与营销战略建议。

——蒋金亚　切糕王子总经理

唐堂先生《开练》里提到的潜意识与《定位》里的常识有异曲同工之妙。

——许玉春　中国人民大学中国市场营销研究中心、定位理论研究室主任

开练：潜意识营销才是超级营销

我们有幸与唐堂老师合作了十余年，感谢他帮助我们连续三年做到植美村品牌的销售冠军，他是一个重情重义的兄弟，而这本《开练》则是他 17 年来，营销实践的总结与方法，值得每一位企业家与职场人士一读再读，尤其适合企业团购。

——谭志江　原植美村、泉润总经理，现美妈计董事长

一直以来，赢得心智竞争都是经营品牌的核心，唐堂先生从潜意识营销的角度，率先找到了心和智的区别，是继定位理论之后对打造品牌的重要创新。

——程放　博恩科技集团总裁助理、万桥定位咨询合伙人

这是一本好书，书中提到超级品类、超级词语在战略层面具有极大的指导作用，而潜意识营销流程对于 B2B 或大宗业务而言，非常具有参考价值。《开练》能够帮你打造一支超级强大的营销团队，潜意识营销才是超级营销，42 天开练大行动，你我开练！

——王岩朋　法国阿琪思集团董事长

其实潜意识营销很普遍，从广义上理解，就像今年过年不收礼，收礼只收脑×××，怕上火，喝×××。所以，我们无形之中就被媒体催眠了，这就是唐堂所说的潜意识营销。

——王世军　广东卫视著名主持人

赞誉：潜意识营销才是超级营销

资料显示，我们大部分人在大多的时间里面，都接受着商业广告的清醒暗示，而这个清醒暗示就是清醒催眠（潜意识营销）的根基。我在大学时的那帮同学，他们拼命地学习清醒催眠，而现在他们全部都混迹在广告圈。其实心理专家并没有说是一个固定的形象，我不觉得像唐堂说的那样，留了点胡子就变成猛男了。

——徐峥　电影《催眠大师》主演、中国著名导演与演员

唐堂是国家二级心理咨询师，来，我来和唐老师学下催眠。

——汪涵　湖南卫视著名主持人

唐堂老师的催眠与潜意识沟通技术非常好，他可以帮助更多人，我就是受益者，感谢老师。

——李玲　《今日女报》总编

《开练》一书是恩师唐堂先生的精心之作，更是多年营销战略咨询的成果累积，经过实战检验，这是企业或职场人士必读的一本营销心理类图书！与其请一个普通的营销教练，不如送一本《开练》。既系统，又省钱。有多少同事，就应该送多少本《开练》。42天开练大行动，你我开练！

——胡千作　领讲台会议营销与定制创始人

姚劲波在58一期训练营毕业典礼上说，唐堂是58一期训练营营长，是位创业英雄。

——姚劲波　58集团总裁兼CEO　公开评论

董明珠在广东省知识产权创业大赛时说："唐堂你是一名催眠大师。我来考考你，看你能不能在一分钟之内，把大家催眠掉。"事后，高度评价了潜意识沟通与催眠技术。

——董明珠　格力电器股份有限公司董事长、总裁　公开评论

陈小华在训练营课堂上说，唐堂是名催眠大师和潜意识营销专家，就应该专注潜意识营销领域，打穿打透，专注一个点来打。

——陈小华　快狗打车创始人　公开评论

目录

自序1：移动互联网时代，缺的不是学习，是练习 / 001
自序2：借助潜意识的能量，你也可以逆天改运 / 009
前言：潜意识营销 = 营销战略 + 潜意识沟通 / 015

第一章　潜意识营销的三大原理

三大原理相当于拳击运动的"直勾摆"，相当于素描理论的"点线面体"，相当于人体解剖的"骨肉关节"，既是潜意识营销战略的基本动作也是营销战略的核心思想。

超级营销：为何说潜意识营销才是超级营销 / 5
超级品类：区分公鸡品类与母鸡品类的10个指标 / 14
超级词语：潜意识营销体系重中之重 / 22

第二章　潜意识营销的六大步骤

潜意识营销技术强调的是"先修心，后修法"。先把自己的心性修炼好，再去修炼营销技法。通过这六大步骤，潜意识营销可以从"传播沟通"上升到企业与个人品牌的"战略规划"，

开练：潜意识营销才是超级营销

每周练习一大步骤，42天就能掌握潜意识营销！42天开练大行动，你我开练！

潜意识营销第一步：超级正念 / 40
修心！潜意识刻意练习方案 / 41
改变你的潜意识，就能改变你的人生 / 48
为什么有些人越倒霉，越努力，越不幸 / 60
找到超级偶像，就能唤醒超级潜能 / 67

潜意识营销第二步：发现定位 / 70
营销之前先定位，定位之前先定心 / 73
是兔子就去比跑步，是乌龟就去比游泳 / 81
第一，就是影响集体潜意识的最高能量 / 85

潜意识营销第三步：三大创意 / 90
命名，就是第一创意 / 94
个人形象设计，就是第二创意 / 102
产品包装设计，就是第三创意 / 108

潜意识营销第四步：五步拓客 / 112
如何找到100个红苹果 / 112
拓客五步法：达→成→稳→增→盟 / 117
60秒！潜意识营销的套路与话术 / 128

潜意识营销第五步：价值变现 / 136
给足安全感！只做不说的潜意识营销练习 / 137
没有承诺，就没有成交 / 146

潜意识营销第六步：口碑裂变 / 151

不求广而告之，但求感而动之 / 152

潜意识传播三要素：干货、热点、共鸣 / 157

第三章　潜意识营销的九大能量

第三章是本书的重点章节，尤其适合新人实践练习！讲述的是如何借助九大能量七年赚到七套房的方法，以及一个青年营销人 17 年一线市场营销的心得体会。

练习一：借助自己的能量 / 169

运用潜意识的能量，"假装"自己有了一套房 / 169

七年赚到七套房的五个具体方法 / 177

把心定下来，七年只做一件事 / 192

练习二：借助家族的能量 / 197

过去及未来的家人，才是潜意识的根本能量 / 197

前面三套房，怎么拿下它们 / 200

练习三：借助教练的能量 / 205

找最厉害的人来激活你的潜意识 / 205

运用刻意练习的方法，来学习潜意识营销 / 211

练习四：借助同学的能量 / 217

三大方法，赢得大家的支持 / 217

和什么样的人做兄弟，就能住什么样的房子 / 220

练习五：借助公司的能量 / 224

月薪如何从 800 元涨到 80000 元 / 224

干一行恨一行，当然赚不到七套房 / 236

理解老板，感恩老板，成就老板 / 239

练习六：借助客户的能量 / 241

识别 10 种微表情，吸引 100 名超级客户 / 241

面对新客户，凭什么能做到 80% 以上的成交率 / 247

练习七：借助对手的能量 / 251

借助对手的"势能"来做潜意识营销 / 251

找对手，走出战略迷茫期最有效的方法 / 253

练习八：借助媒体的能量 / 255

把潜意识营销效果放大一亿倍 / 255

流量成本越低，潜意识营销胜算越大 / 259

练习九：借助天地的能量 / 261

占领节日，就能占领集体潜意识 / 261

城市势能在哪，潜意识营销的机会就在哪 / 264

自测：潜意识营销诊断 / 269

彩蛋：成交率高达 80% 的潜意识营销工具包 / 273

后记：42 天开练大行动，你我开练 / 277

案例目录

案例1：凉茶大战的决胜点，在潜意识不在意识 / 12

案例2：品类陷阱！交了160万学费得出的三条结论 / 18

案例3：不花钱！中国睡眠先生打造个人品牌的六大步骤 / 29

案例4：借助潜意识的能量，日本金刚组存活1400多年 / 46

案例5：稻盛和夫拯救日航的关键办法 / 58

案例6：凡客交过的学费，你可以不交了 / 65

案例7：漫威超级英雄，就是潜意识超级营销 / 68

案例8：向金庸、二月河、斯坦·李学个人定位 / 79

案例9：长城汽车借助品类战略实现全面逆袭 / 83

案例10：58速运为何更名为快狗打车 / 88

案例11：江南春谈江南春的命名之道 / 100

案例12：董明珠打造个人IP的方法，其实你不懂 / 105

案例13：潜意识深处的烙印，"怪兽"饮料包装设计 / 110

案例14：一贫如洗的凡·高与富可敌国的毕加索 / 115

案例15：A股IPO电商第一股御家汇是怎么起盘的 / 126

案例16：军师唐堂的60秒潜意识营销话术 / 131

案例17：健康食品业，如何让顾客更有安全感 / 143

案例18：健康睡眠业，应该选择强势品类实现风险逆转 / 148

案例19：健康美妆业，会议营销的关键在于感而动之 / 154

案例20：恒大火山冰泉，这样做会更火 / 160

开练

练出你的伟大

| 自序 1 |

移动互联网时代,缺的不是学习,是练习

俗话说:"学十遍不如练一遍。"

基于此,本书只讨论一个话题——开练!练什么?潜意识营销!为什么?少走弯路多赚钱!练多久?42天!简单理解,《开练》= 刻意练习 + 潜意识营销,这是一本入门级营销心理类图书,针对的是 20—35 岁的职场新人,你可以把《开练》当成一本潜意识营销教材,或是个人与企业的品牌营销教练。想想看,请一个营销教练要花多少钱?把《开练》多读几遍,你就赚到了!

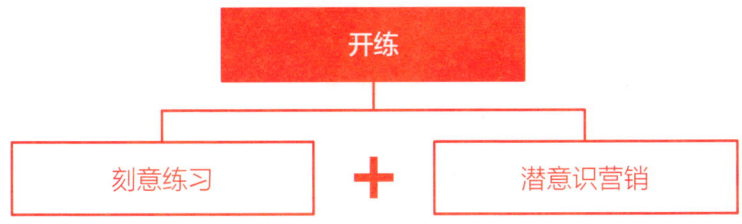

媒介大爆炸，导致信息极度混乱，如同"乱世"一般，各种碎片化学习流于表面，不成体系，没有效果，使得我们一直很努力、很拼命地"假装"在学习。人累，心更累！事实上，移动互联网时代信息极度透明与对称，人们缺的不是学习，而是练习。《开练》就是一本"可练习"的营销心理类图书，我将谈及两个核心观点：

一、刻意练习的重要性

美国学习专家爱德加·戴尔1946年提出了"学习金字塔"理论，强调采用不同的学习方式，结果相差巨大。如果用耳朵听，知识保留5%；用眼睛看，知识保留10%；视听结合，知识保留20%；分组讨论，知识保留50%；练习操作并加以实践，知识保留高达75%；向别人讲授并快速使用，知识保留90%。通过以上数据可以得知，"学"和"练"的实际差距不是10倍，而是18倍左右！

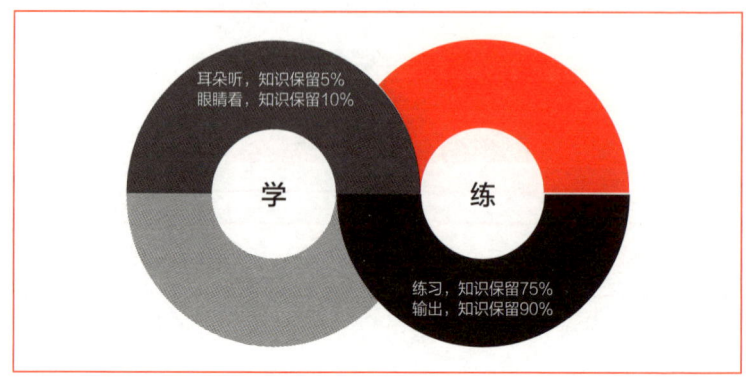

自序 1：移动互联网时代，缺的不是学习，是练习

市面上有许多优秀的营销类或心理类图书理论研究非常专业，案例也写得非常精彩，可惜的是绝大多数都忽视了练习的重要性，我把它们称为"非练习类"图书，读者往往一看就懂，一用就"晕"。

▶ **光说不练假把式！最小的实践与练习，胜过最大的道理与说教。《开练》与大多数营销类、心理类图书不同，它紧密围绕"潜意识营销"这个话题来进行刻意练习，做到落地有声，言之有物，练之有效。为了创作此书，并深入研究刻意练习的基本原理，我在三个方面进行了大量验证。**

身体方面，我曾用了 366 天的时间，将体脂率从 40% 左右降至 9%，体重从 80 公斤减至 60 公斤，减出 10 块腹肌，两小时内能做 1000 个标准俯卧撑，一次性能做 25 个标准引体向上。实践证明，刻意练习在减肥方面有着"大变活人"一般的神奇效果，令人瞠目结舌。

学习方面，我能在七分钟内，记住 52 张扑克牌的所有花色、数字和顺序，正背、倒背如流，虽然与记忆大师相差甚远，但作为普通人用于自学已是绰绰有余。为了提升自己在"大健康"行业的营销水平，我考取了国家二级心理咨询师、国家二级公共营养师、中级健身教练等六项职业资格证，并公证了中医师承及确有专长证明……没想到，掌握了刻意练习的方法，大学毕业 10 年后，资深学渣变学霸。

事业方面，我从一名严重的躁郁症患者成长为国内有一定知名度的心理学专家、催眠师、营销战略咨询师，并投资打造了中国健康睡眠领域的超级专家品牌，出版了三本潜意识与营销类专业图书，开创了新一代潜意识营销体系，成为58一期训练营营长、广东省知识产权创业大赛十强，在大健康营销咨询领域略有所心得。

不开练，难开悟。以上三点并非奇迹，我也并非天才，你一样可以做到。只要掌握刻意练习的方法，并对你的工作产生兴趣、变得认真、全力投入、开拓创新就可以了。请不要担心自己的起点低，多数人比我更优秀、更聪明，学历也更高。

著名心理学家艾利克森在《刻意练习》一书中说过，所有人都以为杰出源于天赋，天才却说："我的成就源于正确的练习。"他发现，不论在什么行业或领域，提高技能与能力的最有效方法全都遵循一系列普遍原则，他将这种通用方法命名为"刻意练习"，这是迄今为止最强大的学习方法。

▶ 进入正文后，我们讨论的核心话题将从"刻意练习"转向"潜意识营销"，因为，潜意识营销才是本书的"落地"所在。不然，所谓的刻意练习也不过是纸上谈兵而已。

二、潜意识营销体系的方法论

在展开潜意识营销话题之前，请按下暂停键。

自序1：移动互联网时代，缺的不是学习，是练习

你可以先回忆一下，最近几年，你身边是不是经常有人说营销越来越困难，生意越来越难做了？你想过这背后的原因及解决的方法吗？

1978—2018年，改革开放刚好40年，中国早已从一穷二白成长为全球第二大经济体，整个时代以八百里加急的速度，"咻"地一下飙向未来。移动互联网、智能手机、大数据、云计算、AI智能、虚拟现实等超级技术创造了大量的超级物种，产品、媒介、信息将进一步爆炸，而人力、经营、流量成本将进一步上升，加之国际贸易摩擦不断，无数人在时代转型期间被下岗、被淘汰。中小企业与个人创业者的生存空间将受到进一步挤压，企业家与营销人在转型升级过程中越来越迷茫、焦虑、抑郁……

七年前，因为某件事情的"刺激"，我决心创造一套新的潜意识营销战略体系，来帮助更多焦虑、抑郁、迷茫的营销人与企业家，让他们在世上找到自己的未来与方向。同时，也为了我的一双儿女能够掌握刻意练习的方法与步骤，未来在职场、商场上能够有所作为，我才写了《开练》这本书。如果你认真阅读本书并进行了大量练习，你的人生就会发生奇迹。

时光如流水，眨眼已七年。那件令我终生难忘的事情，直接改变了我的职业生涯。我隐藏自己营销战略咨询师的身份，以某个互联网科技公司创始人的名义，秘密地混迹于各大营销战

略圈与心理学圈,以及互联网创业大赛与孵化机构,甚至加入直销与微商团队,我接触到全球顶尖的企业家、营销人、心理学大师、世界冠军,收集了大量的潜意识营销一手资料及刻意练习的小妙招。

不知不觉,未来已来。身处移动互联网时代,人人都是自媒体,人人都在打造个人品牌,个人品牌强,企业品牌才会更强。《开练》适合个人阅读,更适合企业团购。

▶ 因风吹火,用力不多。并不是本书写得多么好,而是练习确实比学习更重要,"潜意识营销"确实很有效。没有经过"刻意练习"的员工,才是企业最大的成本。我建议,有多少个同事,就送多少本《开练》,至少保证人手一本,最好人手数本,反复开练。

俗话说,靠水晶球谋生的人注定要吃碎在地上的玻璃。我是一个很愚笨的家伙,也干过不少蠢事,和恩师与诸位师兄相比,我的专业成果相形见绌。虽然我已经非常努力了,但仍觉得本书有较大的改进空间,专业上如有学艺不精之处请各位前辈斧正,本人感激不尽。由于篇幅有限,许多专业性强的观点本书并未深入展开讨论,有兴趣的朋友可以通过微信或短信提问。感谢你的耐心阅读。

▶ 移动互联网时代,缺的不是学习!是练习!练!练!练!让我们读《开练》,一起练。读《开练》,反复练!

对了，再考考你。当年我受了什么"刺激"？我为什么要创造一套新的潜意识营销战略体系？找到答案的读者朋友扫码添加助理微信，就可以免费得到本书的思维导图与潜意识营销工具。如有团购需求也可以联系助理，量大可定制。

军师唐堂　助理微信 / 短信 13277771949

二〇一八年八月于南岳大善寺

开练

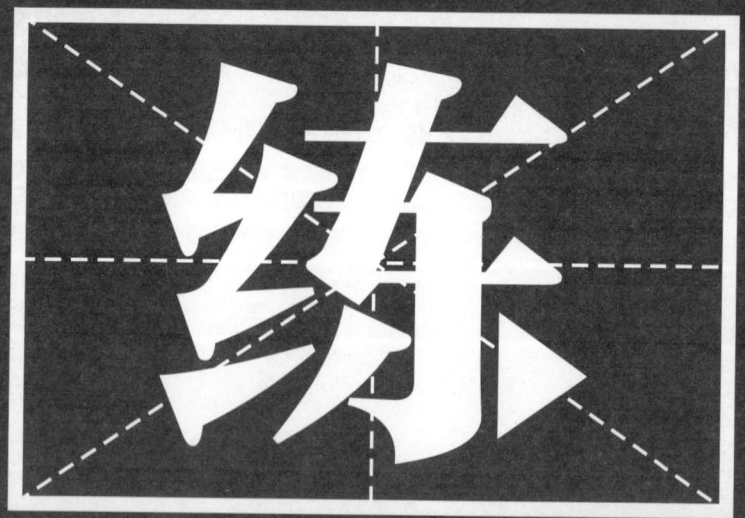

| 自序 2 |

借助潜意识的能量,你也可以逆天改运

在展开潜意识营销体系之前,我想先谈谈潜意识的重要性!

潜意识的发现始于催眠术,催眠的本质就是潜意识沟通。不久前,某传媒集团与我正式签约,决定投入巨资,以我为原型,拍一部网络悬疑剧,主打的就是潜意识与催眠。其实,发生在我身上的故事,远比电视剧更有戏剧性……

1984年5月11日,我出生在湘南一座千年古城,爷爷、爸爸、妈妈都从事供销工作,从小他们就教我如何做人、做生意。

爸爸是会计出身,深信数学。妈妈是一名不那么虔诚的佛教徒,却深信因果,读书不多的她只要求我和弟弟"堂堂正正做人,老老实实做事,吃得苦、耐得烦、霸得蛮(指高度执着)",此外,还经常和我们说起一些神叨叨的"咒语"。

这些话,就像"潜意识CD"一样,在我的脑海里播放着,一遍又一遍。

多年后，我才明白这些话语中的神奇能量，才明白父母就是最好的催眠师，而我，一直都在被催眠。吸引力法则证明，潜意识深处有一种我们看不见的能量与吸引力，这也是引导整个宇宙的超级能量，借助它我们可以创造超级人生，而这些能量与原生家庭有莫大联系。为了更具参考性，我决定分享一些从未公开过的秘密。

一岁的我，胸骨畸形，肋骨外翻，差一点被爷爷遗弃。妈妈却一直对我说："你是与众不同的'非'常人。"感谢她，一直在催眠我。

13岁的我，没有考上普通高中，被父亲送进了职业高中，学的是动物医学专业，我的同学清一色都是农家子弟，对我这个"城市佬"多有排斥，我甚至多次遭到霸凌。次年，我因此患上了心脏神经官能症，到医院治了一年也未见好转。后来，借助冥想与自我暗示的方法，加上大量的呼吸训练，症状居然奇迹般地消失了。

▶ 人的潜意识就像一块巨大的磁铁，你的潜意识在思考什么，在现实的世界里就会吸引什么。我深信，意念之所在，能量随之而来。

自序2：借助潜意识的能量，你也可以逆天改运

16岁的我，通过对口高考考上了长沙理工大学，第一专业是食品生物工程，第二专业是计算机网络与软件应用工程。因为母校的营销广告与视觉传达设计等专业在全省数一数二，所以我主攻平面设计软件的应用与操作，后来通过这门显性技能我赚了不少钱，不仅对互联网技术有一定了解，且对于神经语言程序等心理学的理解也异于常人，这是后话，就此打住。

当年，高考失利，父亲喋喋不休地埋怨，我和他大吵了一架，而恰恰因为这样一个刺激，我的潜意识居然被激活了。利用入学前的42天，我进行了大量的刻意练习，从写作、篮球、田径到口才，这让我在大学期间创造了诸多"奇迹"。

▶ 与其纠结，不如开练。与其痛苦，不如开练！以上种种神奇经历，其关键在于能否激活你的潜能，这个激活按钮也许是一次

重大的失败、打击或刺激，也或许是触动了你灵魂的某个人、某件事、某句话。

借助潜意识的能量与大量的刻意练习，我实现了人生的第一次逆袭。一度，我认为自己掌握了心想事成的能量，然而，人生无常，世事难料。

19岁的我，大学毕业后拒绝了国企提供的铁饭碗，回到古城选择创业。当时父亲因为家里的经济压力而长期焦虑、抑郁，患上了失眠症，后来因为急性脑干脑炎，不到24小时就离世了，走的时候体重不足100斤，这件事情，直接改变了我的人生观与价值观。我的父亲是一位受人尊敬的供销社主任，精通会计学知识，写得一手标准宋书体，每天凌晨四点准时开门做生意，一直要忙到晚上七八点钟，40多年的缩衣节食换来的却是英年早逝，直到他去世的前一晚，都在念叨着钱和房子的事情。

父亲走的那天，坚强的我躲了起来，坐在医院台阶上哭了一下午，不知道为什么命运会如此的不公平，我也不希望母亲和弟弟被人看不起。歇斯底里的我一拳擂在墙上，整个拳头都是血。从那个时候起，我就暗暗发誓："我要为父亲争口气！我一定要成为超级厉害的人，让家人们住上大房子，一辈子不再为钱而发愁，我要为整个家族赢得荣耀。"这个模糊且并不远大的志向，却实实在在地激励着我一直前行。

自序 2：借助潜意识的能量，你也可以逆天改运

▶ 人生就是一个螺旋式上升、曲折式前进的过程。老天注定的是"命"，但你选择如何面对的则是"运"。你改变不了"命"，但是你可以试着强化自己的潜意识来"改运"。

一年后，一手带大我的奶奶也因为承受不了丧子之痛，在父亲的冥诞那天离世。每次想到这里，我都忍不住掉眼泪。人生，面对这样一副烂牌，许多人直接就放弃了。我不是没有想过放弃，我可以扔牌，但妈妈和弟弟呢？他们怎么办？生命中最重要的两位亲人相继离世，对我打击非常大。这让我意识到生命无常，谁也不知道明天和意外哪个先来，在有限的生命中，我必须为了家人而拼命奋斗。弟弟还小，妈妈却一天天老去，我决定到外面的世界闯一闯。只有自己强大了，才能拥有改变命运的资格。

离开古城的那一天晚上，我躺在床上默默地对自己说："醒来吧，心中的巨人。不要让嘲笑你的人嘲笑太久，也不要让期待你的人期待太久！"之后，通过努力拼搏，我实现了人生的第二次逆袭。没想到，随后又迎来了另一个更大的危机，24 岁的我遇到了金融风暴，买的股票亏得非常厉害，我产生了焦虑、抑郁情绪，被确诊为躁郁症（双相情感障碍），之后我又患上了失眠症，短短一年时间头发就全部掉光了，似乎人生中所有倒霉的事情都被我遇到了。我时常在想，活着好累，还不如一死了之，最严重的时候还尝试过自杀，直到现在左手手腕处仍然有一道伤疤。

在我最艰难的时候，妈妈打来电话和我说起平日里说了上千遍的那句话。那一次，我终于明白了那句话的真正含义，那是一句"超级咒语"！它有着神奇的能量！它救了我的命！借助这句"超级咒语"及潜意识的能量，在一次偶然的"个人品牌营销公益课"上，我有缘结识了"神秘"的恩师与诸位师兄，开始了我人生的第三次逆袭。转眼，已有10年。

▶ **命由天定，运在人为。借助潜意识的能量，你也可以逆天改运。**

如果你的潜意识无法被唤醒，那么，你极有可能浑浑噩噩地过完一生，被贫穷、无助、迷茫所困扰，被住房、教育、医疗等问题压得喘不过气来，尤其是30岁左右有车贷、房贷、二胎宝宝的中年伙伴们，但，如果你能唤醒它，你也可以创造奇迹，开始你的神奇人生……本书强调"由内及外"的改变。借助潜意识的超级能量，对内你可以唤醒自己的潜意识，激发出自己强大的潜能，拥有一颗强大的内心；对外则可以借助潜意识营销技术打造一个强大的个人品牌或企业品牌，从而改变自己，改变世界！

| 前言 |

潜意识营销 = 营销战略 + 潜意识沟通

新时代下,打造个人品牌与企业品牌,得人心者才能得流量、得资本、得未来,人心即潜意识,基于此,本书提出了"潜意识营销才是超级营销"的新主张,主要由"一个等式、三大章节"组成:

架构	三大章节	内容导读
原理	潜意识营销的三大原理	超级营销、超级品类、超级词语,三大原理诠释了潜意识营销的底层逻辑。
步骤	潜意识营销的六大步骤	超级正念、发现定位、三大创意、五步拓客、价值变现、口碑裂变,六大步骤解析了潜意识营销的实施关键。
能量	潜意识营销的九大能量	借助自己、家族、教练、同学、公司、客户、对手、媒体、天地九大能量,如何修炼一颗强大的内心,并实现财富倍增的方法与技巧。第三章是本书的重点章节,尤其适合新人实践练习!
一个等式: 潜意识营销 = 营销战略 + 潜意识沟通		

开练：潜意识营销才是超级营销

一、潜意识营销说了些什么

不论你是企业家、公务员、职场新人、营销老手、影视明星、体育健将、畅销书作家、刻意练习的高手，还是各个领域的精英，都需要深入了解潜意识营销体系。

潜意识营销＝营销战略＋潜意识沟通。三大原理指的是潜意识营销的底层逻辑和基本原理，你务必要明确个人及企业品牌的超级品类及超级词语，这是全书最难，也是最重要的知识点；六大步骤则是潜意识营销执行的细则与方法，通过"超级正念、发现定位、三大创意、五步拓客、价值变现、口碑裂变"六个步骤手把手地教大家掌握潜意识营销的运用套路，适用于打造个人品牌与企业品牌，提升品牌影响力，提高营销业绩与销售收入；九大能量则更侧重于自我提升，适合职场新人运用潜意识的能量来实现自己的愿景。

二、为什么要学潜意识营销

潜意识营销并不单单指营销某样产品或服务，而是源自潜意识深处的沟通与说服。比如你和小伙伴一起去吃饭，他想吃海鲜，你想吃火锅，你说服他的过程就是最常见的潜意识营销。你喜欢一个女孩子，最后与她有情人终成眷属，这个过程也是潜意识营销。你想找一份喜欢的工作，投简历、去面试也属于潜意识营销。潜意识营销既可以对外,也可以对内。你想买一套心仪的房子,你说服自己朝目标坚定不移地努力奋斗,最终实现了自己的目标,这其实也是一种潜意识营销。由此可见,潜意识营销既是一项营销学的实用技术,更是一种思维和沟通方式,它无处不在!如果加上营销战略作为指导,效果更为惊人!对于打造个人品牌与企业品牌,提升营销业绩与收入有着至关重要的作用!

阅读本书你将得到三点收获:第一,明白为什么潜意识营销才是超级营销,并掌握潜意识营销技术;第二,通过数十道填空题、25道选择题、四大开练清单,快速提升个人与企业的营销水平和业绩;第三,吸取三代营销人的成功经验与失败教训,节约大量试错成本。反之,你有可能会浪费时间,错过机遇,选错方向,被时代淘汰。

本书阐明的主要问题是在移动互联网时代下,如何借助潜意识营销技术实现个人与企业的双逆袭。你在阅读时应注意"红色"内容,需要反复思考或讨论,本书含有大量的填空练习,重要章节会有一个表格进行归纳,主要是为了方便大家理解与记忆。

认知心理学提到的"自测、间隔练习、穿插练习、记忆索引、知识链、记忆结"等刻意练习技巧,在本书中被大量不动声色地使用着。此外,42天开练大挑战,也是我有意为之,刻意训练的效果既取决于训练方法,也取决于训练时间。

三、掌握潜意识营销要多久

威尔·鲍温在《不抱怨的世界》一书中写到，一个鸡蛋，母鸡只需要花 21 天就能孵出小鸡。相关研究资料证明，人的大脑只需要 21 天就能构建一条新的神经通道。基于此，通常情况下人类只要 21 天就能培养一项新的行为习惯。

很惭愧，我比较笨。别人花一天做的事情我愿意花两天，别人花 21 天养成一个习惯，我愿意花 42 天。我曾用 366 天进行了一项人体试验，其原理就是将一年大致分为八个 42 天，试验证明，你只需要极度专注一个目标，短短的 42 天（六周），就会出现奇迹，你不仅可以养成一个新的习惯，还可以掌握一项新的技能。通过 42 天的刻意练习，你可以掌握潜意识营销体系，成功开创个人品牌或企业品牌，甚至学心理学、学催眠、学健身、学营养、学画画，还是学些别的什么，都一样有效！

▶ 42 天开练大行动，你敢不敢挑战？

挑战人：_____，监督人_____。

潜意识营销的
三大原理

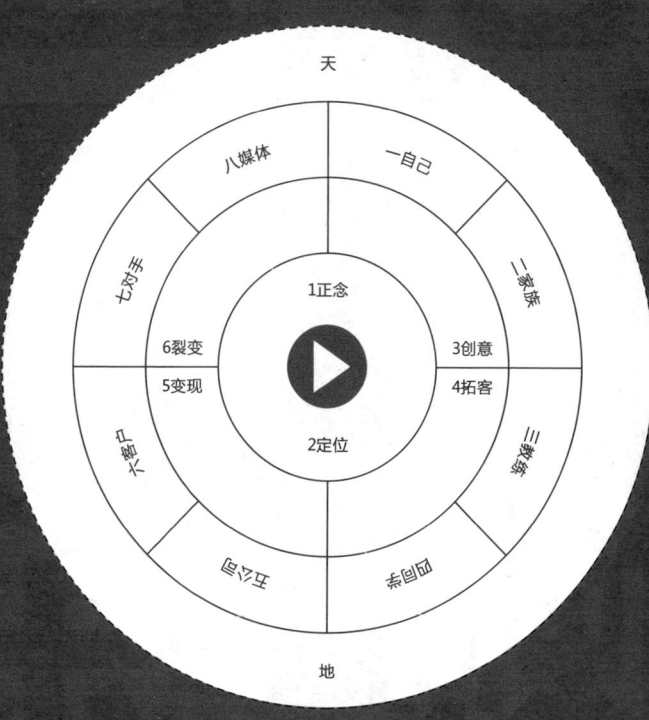

开练

宜开练

忌偷懒

第一章
潜意识营销的三大原理

移动互联网时代,缺的不是学习,是练习!信息爆炸的同时,也带来了极度透明与对称,作为互联网时代的原住民或移民,如果放弃了学习、放弃了练习,不能主动走出舒适区、不能持续进化,就必定会沦为时代的"难民"。我也不例外!

本书就是基于刻意练习的基本原理,结合各项心理学技术,以填空的方式让大家快速掌握营销心理学的最新研究成果。经过封测检验,本书对个人与企业营销业绩提升均有显著成效。

开练：潜意识营销才是超级营销

大道至简，重剑无锋。当年，我因为没有透彻掌握潜意识营销战略的基本原理，只追求片面的营销创意技巧与花招，付出了极为惨重的代价，而这些失败的教训，你完全可以避免，学费我已经用自己的经历帮你交了，能学到多少，收获多少，就在于你是否能够进行大量的刻意练习与不断提升。

原理即本质。本书的第一章，讲述的是潜意识营销的三大原理。超级营销、超级品类、超级词语相当于拳击运动的"直勾摆"，相当于素描理论的"点线面体"，相当于人体解剖的"骨肉关节"，既是打造个人品牌与企业品牌的基本动作，也是潜意识营销体系的核心思想。

对这三大原理没有最基本的认识就启动营销推广，无异于盲人骑瞎马，夜半临深池，却不自知。有人会觉得，第一章是整本书最难啃的，毕竟原理类的知识会稍显单调和深奥，为了方便大家理解与记忆，我整理并归纳了三大原理一览表。

三大原理	内容导读
超级营销	1.在受众的潜意识里成为某个品类数一数二的品牌才是所谓的超级营销。2.我们需要借助潜意识营销技术，绕过意识盾，与受众的潜意识进行沟通与说服。3.厘清营销战略与营销创意的关系，以及学习潜意识营销技术的三个好处。

续表

三大原理	内容导读
超级品类	1.品类是决定营销成败的"第一"先决条件。2. 80分以上即为超级品类,营销战略高手通常不会碰50分以下的品类。3.所谓的"129法则"是指,力争用七年时间做到某个细分品类的全市第一,全省前二,全国前九,这样,才有可能占领超级品类。
超级词语	1.可以将超级词语简单理解为品牌或个人主打的一个与众不同的"卖点"。2.所谓潜意识营销就是要让所有人听到、看到、议论到、体验到、感受到的必须是同一个超级词语,这个词,本身就是超级营销、超级按钮!3.这个超级词语能够引发超级话题,吸引超级流量。

▶ 一个等式:潜意识营销 = 营销战略 + 潜意识沟通

超级营销:为何说潜意识营销才是超级营销

很幸运,我遇见了一个了不起的老师。恩师是位腊肉级美男子,长得高鼻凤眼薄唇,不喜应酬不爱财,授课时眉飞色舞,铿锵有力,颇有一代大儒风范。20多年前他纵横营销广告界,不知为何,近些年他成为一个"世外高人",非常刻意地保持着低调与神秘。

他就是中国商用语言学大师、1998年中国十大策划家之首张大旗老先生,曾为远大、东阿、TCL、"黄鹤楼1916"等多家百亿级集团指点迷津,帮助"黄鹤楼1916"用10年时间将利税总额从5.1亿上升至500亿元,助力东阿阿胶五年市值增长15倍……

著有《玩语言》《张大旗语言点化》《出卖天机》等著作。追随恩师学艺多年，我掌握了许多营销学高阶知识及百亿级集团客户在营销实践中的具体打法，之后，我逐渐形成了潜意识营销体系的方法论。

▶ 在我看来，营销心理类的研究历史还太短暂，市面上大多数潜意识类、催眠类、洗脑类的营销图书都充满了错误，许多营销创意类图书也缺乏战略指导，显得本末倒置。君子和而不同，如有得罪，请多包涵。

不要急于否定或反驳，以上观点我在本书中会有详细论证，当你认真地阅读完这本书，对潜意识营销的认识一定会有所改观。不管你是营销战略专家，还是刚刚进入职场的大众读者，本书都会给你一些新的启发。

一、营销决胜点在潜意识不在意识

营销学提得最多的词语就是"心智"，通过200例催眠实验与大量的调研，我发现"心"与"智"是两个完全不同的系统，心一般代表潜意识、感性，智一般代表意识、理性，营销的关键点在心智之间，但决胜点在心不在智，在潜意识不在意识。

第一章 潜意识营销的三大原理

丹尼尔·卡尼曼在美国普林斯顿大学担任心理学教授,他是2002年诺贝尔经济学奖获得者,是历史上第一位获得诺贝尔经济学奖的心理学家。他的最新研究结果显示,人并不是理性的经济动物,相反,偏见与生俱来,与直觉紧密相关。

他在《思考,快与慢》中提及,人类的思考模式可以拆分成"快思考"和"慢思考"两个系统,前者是依赖直觉的、潜意识的思考系统,后者是需要主动控制的、有意识进行的思考系统。在人类的决策行为中,由于慢思考系统的懒惰,很多时候会由快思考系统占据主导地位。因为意识特别烧脑,所以,人们常常依赖潜意识做出决策。

▶ 由此可以进一步佐证我的观点:营销关键点在心智之间,但营销的决胜点在心不在智!在潜意识不在意识!仅凭这一点,就足以颠覆传统营销学的基石了。虽然略显不谦,却是事实。

一个小小的视觉试验可以让此观点更加显而易见。我们来看下页的图,图中有两条线段,看起来下面的一条明显比上面的那条更长,这就是我们的潜意识看到的,也是我们的第一反应。这幅图就是著名的缪勒莱耶错觉图,如果你用尺子量一下,就会发现两条线段其实是一样长的。由此可见,心与智是两套截然不同的系统,彼此有合作但也常常闹矛盾。

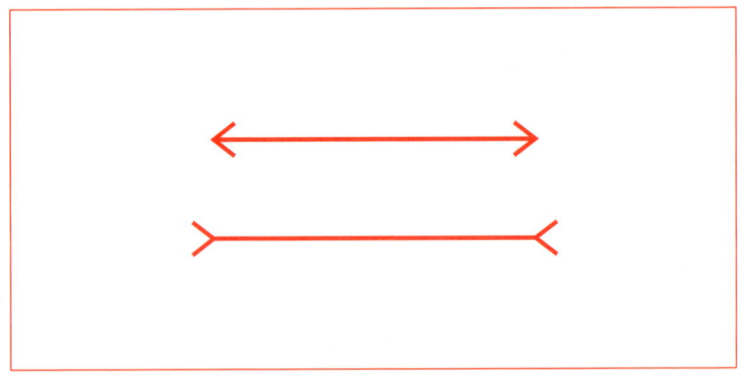

但是,一切理论都是灰色的,唯有生命之树常青,我的主业是一名营销战略咨询师,同时也是一名营销心理学研究者、催眠师。

通过催眠实践,我曾经帮人找回丢失的记忆,也帮人封存过记忆;曾在众目睽睽之下,将一位普通观众深度催眠后变成"钢板",身体悬空,身上站了三个成年人,体重之和是这位观众体重的数倍;曾帮临终的老人做催眠止痛;曾帮上千名失眠者干预睡眠;曾在长沙烈士公园催眠志愿者,除我之外任何人都无法将其唤醒……通过多年实践,我觉得催眠是一项非常强大的心理干预技术,强大到可以直接影响人心,影响潜意识。

二、潜意识营销才是超级营销

▶ 基于丹尼尔·卡尼曼的《思考，快与慢》，我得出结论：营销的决胜点在心不在智，在潜意识不在意识。因此，只有绕过意识盾，与受众的潜意识进行沟通与说服，最终在受众的潜意识里成为某个品类数一数二的品牌才是超级营销，所以说，"潜意识营销才是超级营销"。

如"潜意识营销原理模型图"所示，三角形是指潜意识营销技术，浅色区域是指意识，虚线部分是指意识盾，红色区域是指潜意识。

"意识盾"是我创造的一个心理学名词。通过持续三年的催眠试验，我发现，在做心理干预时往往会遇到个案的阻抗，这种阻抗

行为是意识盾的一种自我防御,而在进入潜意识沟通状态时,自我防御就会减弱许多。借助潜意识营销技术,绕过意识盾与潜意识进行沟通与说服,以 200 例试验对象为参考,有效率约为 82.5%。

除此之外,我还分别通过心理学领域三大流派的不同技术为个案提供心理干预,其中最令我感兴趣的是弗洛伊德的精神分析理论及其弟子荣格的原型与集体无意识理论。

弗洛伊德提出了著名的冰山理论,说明人类显露在外界能感受到的意识不过是自己思想的冰山一角,只占整个冰山的大约 5%,而 95% 的观点与想法其实被大脑意识隐藏起来了,名叫"潜意识"。潜意识平时都被压制着,不会出现在意识当中,一遇到机会就会跑出来。潜意识和意识之间有一个"门卫",人睡着的时候,这个门卫就放松警觉了,潜意识就跑了出来,人们就会做梦。这个门卫就是意识盾,这是一种自我保护机制。

三、潜意识营销的"杂交"改良

基于以上种种前提条件,我在创作本书时就构思,潜意识营销技术既要有营销战略的高度,又要有潜意识沟通的深度,以一个等式概括为:潜意识营销 = 营销战略 + 潜意识沟通,通过"杂交"改良,培育出超级营销。我总结了恩师及大师兄在专业上的成果,进行了重新组合与简化,发现营销战略的根本目的不是为了"好听"而是为了"好卖",潜意识沟通的根本目的不是"好记"而是"好忆"。

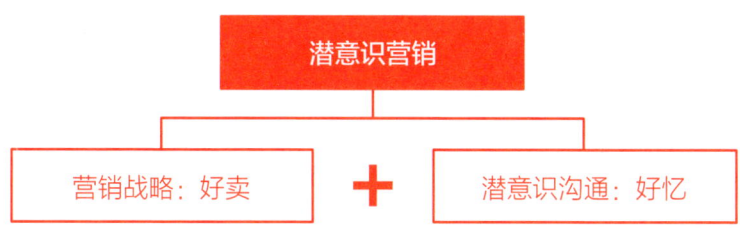

这一个小小的杂交,给我带来的震撼有如达利欧的投资圣杯,或爱因斯坦在发现 $E=mc^2$(质量与能量之间的当量关系)。因为潜意识营销与传统营销相比,成本更低,效果更好,受众记得更牢。因此,我期望和更多客户与同道一起来实践并完善这套理论。

此外,聊起营销话题必然会提及战略与创意。作为一名曾经的设计师、创意人,对于营销战略与营销创意的关系,我有三点切身体会供大家参考:首先,我认为战略长期有效,创意短期有效;战略为"根",创意为"花",本末不能倒置;战略指导创意,先有战略后有创意,而不是先有创意后有战略,不然,战略就极有可能被创意带偏。毕竟,创意再好都不如生意好。

▶ 潜意识营销是一项人人都可以实践的营销新技术,既有战略也有战术,学习并大量练习潜意识营销技术有以下三个方面的好处:

开练：潜意识营销才是超级营销

第一，在营销战略方面，能让品牌定位更精准、更深入，它能帮助企业与个人打造强势品牌；第二，在广告传播方面，潜意识营销比传统营销成本更低、更有效，能够更快速地进入受众的潜意识进行沟通与说服，能够让潜在顾客对你和你的品牌更认同、更信任，更愿意消费你的服务与产品，从而降低广告与营销费用的支出；第三，在企业文化建设方面，它能让团队建立更强的凝聚力与共同价值观，打造更强大的执行力，同时对团队的稳定起到积极作用。综上所述，潜意识营销才是超级营销！

▶ 案例1：凉茶大战的决胜点，在潜意识不在意识

抛开国有企业与民营企业的背景不论，单从市场营销的角度来讨论本案。大多数营销专家与我的看法一致，营销的终极战场不在渠道、不在团队、不在供应链，甚至不在用户的大脑，营销的终极战场就在用户的潜意识，因此，才有"得人心者得天下，得潜意识者得天下"之说。

可口可乐的总裁罗伯特曾说道："如果可口可乐的全部工厂一夜之间被大火烧掉，给我三个月时间，我就能重建完整的可口可乐。"大家一度将这段话当成一个故事，但是现实世界里的事情往往会比故事更精彩。

第一章 潜意识营销的三大原理

王老吉与加多宝的凉茶大战就从另一个角度验证了"可口可乐的设想"。2012年5月,中国国际经济贸易仲裁委员会最终裁决,加多宝公司不得再使用王老吉商标,从此,两家公司开始了长达数年的凉茶大战。在这场商战当中,广药除了王老吉的商标之外并没有其他的优势资源,这一点和大火后的可口可乐何其相似,没有渠道、没有团队、没有供应链……据说,加多宝为了抢占认知优势,第一年就花了50多亿元的广告费用,让消费者认为王老吉"改名"加多宝。当时一帮营销圈的朋友就打赌,认为加多宝必胜的比例居然高达90%,在读此文的读者朋友,当时,你是怎么看的?

从意识层面来看,加多宝有人、有货、有渠道、有广告、有民营企业的灵活性,产品原料、配方、口味都与王老吉一模一样,而且有先发优势,而王老吉却只占据了潜意识——怕上火喝什么?王老吉!

当年,我在广东卫视《全民议事听》录节目时,台下有一名心理学家、一位营销学专家,我们仨一致认为:除非加多宝能进攻王老吉自身难以改变的一个固有劣势,例如配方中的夏枯草,不然,占据潜意识力量的王老吉将东山再起。之后,事态发展和我们预料的一样,王老吉快速招兵买马恢复生产,很快就夺回了领导者地位,尤其在几次诉讼获胜之后,胜算进一步加大,最后加多宝被中粮集团收购,凉茶之争就此谢幕,阶段性战争已经结束。

不过，我在参加第 99 届全国糖酒商品交易会时，居然发现了不少于三家"王老吉"，有王老吉山楂果汁，有王老吉龟苓膏……这令我不禁担心起来，赢了凉茶大战的王老吉，会不会掉进品类延伸的陷阱呢？

超级品类：区分公鸡品类与母鸡品类的 10 个指标

没有慧根，就要学"会跟"。在前辈们的指导下，我提出了超级品类与超级词语的概念，这完全是得益于前人的经验，我不过是加入了自己的一些心得体会和算法而已。与其他营销专家不同的是，为了破除大量的专业词汇造成的知识诅咒，我将原理部分作了大量的简化、类比与举例，就是为了让大家一听就懂，一学就会，一用就灵。

一、超级品类开创超级品牌

麦肯锡全球董事合伙人贺睦廷认为，企业在经济利润曲线上所处的位置，约有 50% 是由其所在行业决定的，就是说取决于企业进军什么行业或品类。在我看来，只有超级品类才能创造超级品牌，品类是决定营销成败的"第一"先决条件。

有同道说："通过建立新类别赢得解释权！"这个观点是错误

的，因为快时代没有人愿意听你解释，品类词的描述要尽可能的不用解释。大家可以理解品类就是行业及产品分类，例如：鞋子可以按材料分类为皮鞋、草鞋、布鞋、胶鞋等，也可以按功能分类为篮球鞋、网球鞋、跑鞋等。在品类选择或创立时，一定找到一个不用解释的品类词语，这个品类词语要求一说就懂，最好是"人人心中有，他人案上无"。

OK，告诉我，从小到大，你做＿＿＿＿＿＿品类（泛指行业/工作/产品）最赚钱。现在，下定决心，坚持40年，争取做到品类第一，把收益放大100倍就可以了。这个词，建议你先用铅笔来写，在读完本书之前，你可能会反复修改多次。开练，需要仪式感！既要动脑，更要动手。

从小我的妈妈就教育我："十个手指捏田螺，十拿九稳都不行，必须是十拿十稳才可以！"胜可知而不可为，建议大家专注于自己最喜欢、最擅长、最赚钱的品类。这样做，至少你已经立于不败之地了。不求胜，先求不败。

▶ **绝大多数人认为自己是"镰刀"，结果却成了"韭菜"，包括我自己！潜意识营销才是超级营销，最基本的一点就是把心定下来，尽量不要去碰那些你不熟悉、不了解的品类，不要听信那些冒险创业、借钱创业、辍学创业的故事，相信小概率事件会输得很惨。移动互联网时代，一切变化都太快了，当然，未来还会更快，不论**

是创业、投资、营销,还是其他商业活动,例如 P2P、区块链、众筹、新金融、共享经济、各种 APP,至少是 20% 的人赚了 80% 的钱,某些领域甚至是不到 2% 的人赚了 98% 的钱。凭什么说你是镰刀,不是韭菜?

二、超级品类就是母鸡品类

关于品类的描述,有位老师打了一个有趣的比方:那些眉开眼笑的老板,大部分都在做母鸡品类,那些一天到晚愁眉苦脸的老板,大多是在做公鸡品类。这位老师把母鸡品类归纳为 10 个要点,我按照自己的理解,对其进行了优化:

1. 自己最喜欢、最擅长、最赚钱的工作与事业。☐
2. 市场容量大。☐
3. 重复消费。☐
4. 可提升单笔消费额。☐
5. 不要售后服务。☐
6. 不要有欠款。☐
7. 消费本身就是广告。☐
8. 投资少,回报高。☐
9. 了解新兴产业,把握未来趋势。☐
10. 竞争对手少,我有的别人没有,可以避免恶性竞争。☐

我们可以基于这10点,每点以10分计算,以分值计算品类的大小与强弱。你想占领的品类打＿＿＿＿＿分。80分以上即为超级品类,精通潜意识营销的战略高手通常不会碰50分以下的品类,不然,英雄也难有用武之地。

三、借助"129法则"占领超级品类

潜意识营销才是超级营销,潜意识容易受第一印象或第一信息支配,在一个品类当中我们一定要争取做到数一数二的位置,才有胜出的机会。所谓的"129法则"是指,力争七年时间做到某个细分品类的全市第一,全省前二,全国前九,这样,才有可能占领超级品类。有些读者或许会提出问题:诺基亚曾经是手机品类的头牌,柯达曾是胶卷品类的头牌,照你这么说,它们为什么会倒下?

品类发展的方式有两种:一是分化,它能让你的品牌更聚焦、更强大;二是进化,品类的发展也有生命周期,在品类进入衰退期时,我们要想办法进化为新品类,如诺基亚可以进化为智能手机,柯达可以进化为数码相机。青年朋友会很迷茫、很纠结,我能理解,但你不能逃避,千万不要相信倡导"随遇而安"的鸡汤文。

2003年,某国家《老人》杂志对全国60岁以上的老人进行了一次题为"一生中最后悔的是什么?"的专题调查活动。调查结果

显示：有72%的人后悔年轻时努力不够，导致一事无成；有67%的人后悔在年轻的时候选错了职业，即品类。

▶ 男怕入错行，女怕嫁错郎，企业最怕选错"类"。孙子讲知己知彼，百战不殆，因此我的思考方式是由内及外，然后再由外及内。这个"类"的选择，建议做到知己知彼，先知己后知彼，重在知己不在知彼。

母鸡分值与"129法则"，相当于两套简易"算法"。人们的心智就像计算机一样，输入数据启动算法就会得出结论，任何结论都必须基于"数据和算法"。不过，更重要的是不断地练习、实践和试错，与其纠结，不如开练。与其痛苦，不如开练！

很多人问我："为什么要打造睡眠先生这个专家品牌？为什么要发明潜意识营销理论？"我一直觉得是为了纪念父亲，为了帮助那些焦虑、抑郁以及失眠的人，直到有一天，我才想起了当年的那一个电话……

▶ 案例2：品类陷阱！交了160万学费得出的三条结论

企业如人，生是偶然的，死是必然的。成功是偶然的，失败是必然的。所谓的专家，就是在一个行业内犯的错误比普通人更多而已。瑞·达利欧在《原则》一书中提到，我们只有把问题找出来放到桌面上,才能总结并改进,他提出了一套专门总结失败教训的"错误日志",本案例就是关于品类选择的错误日志。成功的经验未必能够学会,但失败的教训你一定可以避免。

创业没有如果,只有后果和结果。2013年,我亲手调配了数盒睡眠精油与睡眠面膜,其中两盒送给了汪涵与马可。通过小范围的封测与试错后,我们决定进军健康睡眠业。

2014年,浙江某集团天使轮为我们投资1000万元。直到现在,我仍然清晰地记得,当年见面15分钟我们就敲定了投资合作,那天夜里我兴奋得通宵睡不着觉,在西湖边走了一圈又一圈,那种感觉和雷军第一次读到《硅谷之火》应该很相似。我以为我会成为雷军、马云一般的人物,本想一炮而红,没想到却放了个"哑炮",梦想没有实现,却成了"韭菜"。

开练：潜意识营销才是超级营销

创业之路千万条，品类选择第一条。拿到投资后，我们在广州最繁华的地段珠江新城成立公司，计划主打一款爆品"××××牌深度睡眠面膜"，专注熬夜修复，理由如下：

一、中国睡眠先生推出"睡眠面膜"，名正言顺，具有认知优势。

二、浙江某集团是百年国医国药老字号，在杭州等地拥有数家投资过千万元的中医馆，为此，我们还设立了中医睡眠与心理咨询门诊，品牌势能非常强大，投资人人品也很好。

三、选择超级品类：2014年化妆品市场规模为1604亿元，2011—2014年面膜市场年均复合增长率为15.5%，增速为整体化妆品市场的2倍以上。随着智能电子产品的出现，晚睡的人将会更多。因此，可判断睡眠面膜是个超级品类，是个母鸡品类。我们选择对标韩国兰芝膏状睡眠面膜，瞄准晚睡人群。

先胜而后战。通过封测，虽然我们在品类、认知、产品、包装方面有较大的优势，但在渠道这一块没有足够的资源，最终，我们在花费两年时间，以及160万元深度试错后，选择了暂停项目运营，并将剩余投资款全部退回。我们最致命的问题在于以下三点：

一、没有坚持自己的优势赛道：彼之蜜糖，吾之砒霜。"眼红"别人发大财，容易踩大坑。面膜不是我们最喜欢、最擅长、最赚钱的品类，它虽然是一个超级品类、母鸡品类，却不适合我们团队，我是在以弱打强，我是在"找死"。

二、约定的资金没有按时打进：虽然最终资金到位，却错失了面膜品类崛起的商机。

三、源点渠道没有建立起来：既无电商渠道优势，也无微商起盘经验。惭愧！这一条最为致命，我应当负主要责任，感谢投资方的包容与理解。

▶ 十个光头九个富，看来，我就是剩下的那一个。潜意识营销最重要的就是品类选择这个基本动作，尤其是找一项自己最喜欢、最擅长、最赚钱的工作与事业，最为关键。可我却忽视了！搞营销，一定要反复问自己，凭什么我是"镰刀"而不是"韭菜"？

如果我谨记妈妈一直说的那句话——十个手指捏田螺，十拿九稳都不行，必须是十拿十稳才可以，就不会有当年之惨败。这三条结论我花了160万元学费，并且消耗了我整整两年时间，但我觉得很庆幸，因为，长远来看它带给我的回报将远远超过这个数字。况且，如果遇见一个拥有强大渠道分销能力的合作伙伴，睡眠面膜极有可能王者归来，获得重生。成功都是熬出来的，只要不放弃，就永远没有失败。不过，我会以投资人的身份出现，因为不做什么，往往比做什么更重要。

鞋子再好看，也要合脚。最后，我想问的是，身处移动互联网时代，亲爱的读者朋友，你是兔子，还是乌龟？你该选择什么赛道？又该如何打造个人品牌与企业品牌？

开练：潜意识营销才是超级营销

超级词语：潜意识营销体系重中之重

恩师说，在中国最贵的商业课程既不是长江商学院的，也不是中欧商学院的，而是营销战略类的课程，三天时间就要收30万的学费，后期的营销咨询费用少则数百万元，多则超过每年1500万元，这些宝贵的知识是潜意识营销体系的基础。

恩师门下弟子众多，多年之前，在我迷茫的时候，恩师给我写了一封亲笔介绍信，让我去找大师兄。大师兄身形伟岸，喜穿西服、系领带，生得浓眉大眼，孔武有力，习过武术，读过兵书，精通谋略。恩师赞他厚德好学不畏难，同行誉他敢为人先境界高。

大师兄继承了大旗老师的盛事行销与公关传播能力，同时抢占了营销战略的制高点，他是第一个在全球顶尖战略咨询公司担任一把手的中国人，也是国内收费最高的营销战略专家。

别人是实力派或偶像派，而大师兄则是"两面派"。他的成长故事非常传奇，他刻意练习的方法与众不同，却十分有效，在我心里他就是"神"一般的人物，同时，也是谜一般的存在，早在多年之前，我就想解开这个谜团了。在信封正面，恩师为我写下了大师兄的电话号码。我编辑了一条详细的自我介绍短信并说明来意，发过去之后，数日未见回复，犹豫了三天后，我鼓足勇气打通了那个电话。

"喂，哪里？"一个浑厚的男中音。

"我是张大旗老师的学生。"我答。

"你有什么事?"他急切地问。我思考了三秒。

他没等我回答,便不耐烦地问:"你到底有什么事?"

我秒懂,回答道:"哦,没事,您先忙。"

电话的那头,感觉很不耐烦。我可能没有挑上一个好日子,所以,不便打扰。或许,得了躁郁症的人,神经会格外敏感些吧。

打完那通电话,我的内心受了极大的刺激,虽然我和他只是点赞之交,但毕竟我是有恩师的亲笔介绍信啊,开山大师兄,关门小师弟,居然连说几句话都如此冷漠,哎,不知大师兄还是否记得当年,大旗老师给予的指导与支持呢?但我转念一想,都怪自己实力不够,在业内缺乏足够的影响力。师兄或许会认为,又是哪个混不下去的"远房"穷师弟前来投奔,还是不回复、不接触、不主动为妥吧,免得浪费时间。

哎呀,超级难受!我既不崇拜明星,也不崇拜富豪,我就崇拜大师兄,没想到这热脸贴在冷屁屁上,真的很不好受。这件事情在我心中隐藏快七年了,我从未在任何公开场合提过只言片语,但偶然回想起来,真的很心酸。这太憋屈了,好比暗恋了一个姑娘十余年,还没表白,就被这人怼得无言以对。对了,你有没有暗恋过一个"姑娘"超过 14 年?我有!

▶ 忍辱,才能负重。或许你也曾经遇到过类似的挫折与刺激,不要灰心。古人常说,莫欺少年穷,每一个年轻人的内心深处都有

开练：潜意识营销才是超级营销

一个英雄梦，一颗小小的种子有朝一日也能长成参天大树。以上，就是我在自序里提到的答案。恭喜你，找到了！回复"大师兄"，就可以免费得到本书的思维导图与潜意识营销工具。

行有不得，反求诸己。当你的才华还撑不起你的野心时，你就应该静下心来学习和练习。于是，我决心去打造"睡眠先生"这个品牌，一是为了帮助那些身陷焦虑、抑郁情绪的人及失眠患者，找到具体的干预手段。二是为了研究一套全新的营销理论，证明废柴小师弟也有一个大梦想，我想凭实力赢得大师兄的尊重。人哪，要知耻而后勇。

潜意识营销才是超级营销，只有超级词语才能够绕过意识盾与受众的潜意识进行深度沟通，并产生一种"锚定"效应，在NLP（神经语言程序学）领域，这项技术叫作"心锚"。你可以将"超级词语"简单理解为品牌或个人"主打"一个与众不同的"卖点"，通过"潜意识营销三角图"我们可以看到有三大要点：

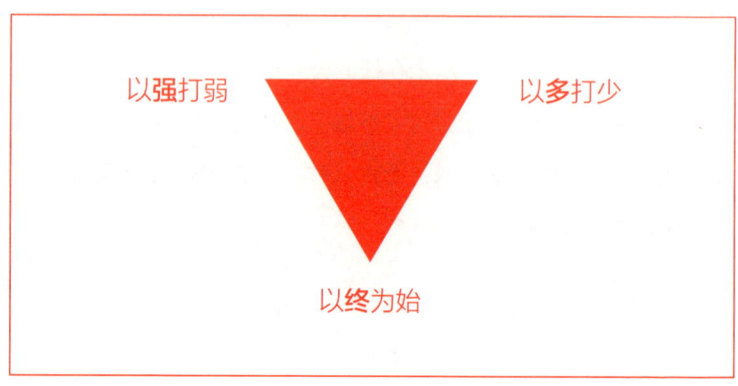

一、以终为始占据超级词语

我曾提到，市面上大多数潜意识类、催眠类、洗脑类营销图书都充满了错误，许多营销创意类图书缺乏战略指导，显得本末倒置。这绝非妄言，因为这几类图书在品牌营销战略上缺乏基本常识。

提起传统意义上的潜意识营销，多数人会以1957年的潜意识广告为代表。维卡瑞在美国一家电影院做了一项试验，在电影播放时，以很弱的强度闪出"喝可口可乐"或"请吃爆米花"字样，并每隔5秒钟以1/3000秒的速度插入，结果可口可乐的售量上升了1/6，而爆米花的销量上升了超过50%。这个试验在美国引起了巨大的轰动，事后迫于压力，维卡瑞宣布这个潜意识广告是一个骗局，但民众却对潜意识广告深信不疑，有机构调研显示，2/3左右的人相信潜意识广告的存在。

此外，我听过许多心理学和催眠界同道分享所谓的潜意识成交、催眠营销、洗脑营销、助推、上瘾等技术，居然连最基本的定位理论、4P理论、USP（独特的销售主张）、CIS品牌形象论都不知道，这样的"大师"害人不浅。甚至还有人打着潜意识营销的名义组织传销而被捕入狱，一度让潜意识营销被大众误认为是旁门左道或是精神传销。

什么叫误人子弟？这就是！

▶ 新一代潜意识营销是创造，不是操控；是战略，不是操控；是沟通，不是操控。回到主题。我们有必要了解，什么是正确的潜意识营销？潜意识营销的终点在哪里？

强挖卖点，不如顺应人心。通过关联受众潜意识当中一个能够左右购买决策的需求，就能避开意识盾的阻抗，其最终的目的，就是在消费者的潜意识中占据某个品类数一数二的位置。这既是潜意识营销的终点，也是潜意识营销的起点。只有确定好这件事情，才能开展之后的定位、创意、招商等工作。而潜意识营销就是为了达成这个目的，把潜意识沟通的原理应用到营销战略当中，如果营销的终点没有抓准，那么，大师们所谓的潜意识营销必然就错得离谱了。

二、以强打弱占据超级词语

潜意识营销的基本原则是以强打弱，任何试图进入用户潜意识的新品牌都会受到意识盾的阻抗，只有足够强大的品牌或强势信息才能突破意识盾的防线，而弱势品牌与弱势信息就会被排斥在外。只有基于自己的优势基因进行品牌定位，才能立于不败之地。

不然，趋势再好，市场再好，机会再好，都将与你无关，甚至是陷阱所在。因此，我反复强调潜意识营销的观点在于先由内及外，再由外及内。首先要考虑企业与个人与生俱来的优势，这便是由内及外；然后与用户潜意识中已有的需求形成关联，这便是由外及内。

三、以多打少占据超级词语

催眠师在做潜意识沟通的时候，其指令都是极其简单的一个字或一个词，而且会不断地重复，例如"呼吸""放松""睡"。这是因为，越简单的词语越尖锐，越有力量，越容易进入个案的潜意识，同时，还需要重复，重复，再重复！如果你想占据一个超级词语，那么，就请在这个词语上投入更多的时间与金钱，不断地重复，重复，再重复！

古斯塔夫·勒庞在一百多年前写了本《乌合之众：大众心理研究》，提及领袖的动员中有三种手段最为重要，也十分明确，即断言法、重复法和传染法。拿破仑曾经说过，极为重要的修辞法只有一个，那就是重复。而另外一句谚语也说，谎言重复千遍就成了真理。由此可见，重复有着极为重要的威力！

▶ 所谓潜意识营销就是要让所有人听到、看到、议论到、体验到、感受到的必须是同一个超级词语，这个词，本身就是超级营销！

例如：阿里巴巴主打的是"电商+网站"，腾讯主打的是"社交+网站"，百度主打的是"搜索+网站"，海飞丝主打的是"去屑+洗发水"，霸王主打的是"防脱发+洗发水"，飘柔主打的是"柔顺+洗发水"，可口可乐主打的是"正宗+可乐"，百事可乐主打的是"年轻+可乐"，沃尔沃主打的是"安全+汽车"，奔驰主打的是"豪华+汽车"。为了方便大家理解，中间以"+"号做区隔，上述所有品牌都是"超级词语+品类词语"的组合方式。

告诉我，你想主打的是＿＿＿＿＿＿（超级词语）+你是＿＿＿＿＿＿（超级品类），思考一下，写下来。所谓的超级品牌就是某一品类或某一特色的代表，如下图所示，奔驰汽车主打的超级词语是"豪华"，属于"汽车"这个超级品类。

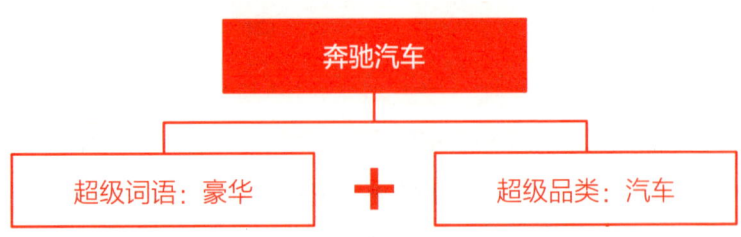

▶ 太子和犬子的区别，就是有没有找到正确的点。一词兴，万象更新；一词错，万事皆错；一词即一生！我知道这个词很难找，但如果找不到正确的词语，你的所有投资与努力将会不断归零。通过测试，只有不到5%的"超级天才"，能够在第一次填空时就找到适合自己的词语，剩下95%的小伙伴们不要灰心，或许你现在会有些迷茫或纠结，但是，当你看完整本书之后，我相信，答案就会慢慢浮出水面。

impossible（不可能）与I'm possible（我是可能的）差的就是一点，这一点就是超级词语，大家可以理解为绝活、一招鲜。

正如"微信"小马哥所说,再小的个体,也有自己的品牌。不管是打造企业品牌还是建立个人品牌,最重要的都是找到正确的超级词语。这个超级词语不仅能够引发超级话题,还能吸引超级流量。如果你能够成为某个超级品类或超级词语的代言人,那么,你人生的逆袭就已经开始了。

▶ 案例3:不花钱!中国睡眠先生打造个人品牌的六大步骤

"最小的实践与练习,胜过最大的道理与说教。"在本案例中,我将与大家分享如何通过六大步骤从0到1打造一个个人品牌,成为行业第一人,而且不花一分钱。虽然我做得还很不够,但我敢于实践、敢于练习。如果你拥有更强大的资源,按照以下六个步骤,相信一定可以取得比我更卓越的成就。

开练：潜意识营销才是超级营销

一、超级正念

始终深信"越倒霉，越努力，越神奇"，就能拥有超级正念，人生就会拥有化负为正的超级能量。久病成良医，作为一个资深失眠者，为了自救，我不得已学习了心理咨询、NLP（神经语言程序学）、经络催眠、家庭系统排列、中医、潜意识沟通等专业知识，并且随着学习的深入，发明了非药物助眠体系。

二、发现定位

1. 选择超级品类：很多媒体一再强调，马云说下一个超过他的人，一定诞生于健康产业。不知道消息是否真实，但显而易见的是，没有健康，哪来小康？健康是1，其他的都是0。

2. 选择超级对手：安眠药，其优势在于立竿见影的效果，劣势在于药物副作用与耐药性。一些传统的观点与习惯也可以作为抽象的竞争对手，其本身极具势能。

3. 选择超级词语：我们主打的超级词语是"非药物＋睡眠救助"，要想成为行业第一人，必须有自己的观点与理论体系，只有进行理论创新才会在学术界有一席之地，这是打造行业第一人和个人品牌的关键秘诀。

三、三大创意

取好名字是三大创意的关键,通过工商查询,我们申请的深度睡眠工作室是全省第一家专注睡眠深度研究的机构。有政府背书,媒体才会进行大量宣传。激活记忆就是激活集体潜意识,每年的3月21日是世界睡眠日,全球媒体都会关注"睡觉"这件事,我们决定在睡眠日前一周启动宣传推广。

四、五步拓客

我们招募了大约30名义工,来推广非药物健康睡眠的理念,并通过他们的帮助登陆了各大卫视的专访节目。通过主持人汪涵推出"中国睡眠先生"这一核心IP。

五、价值变现

在睡眠面膜与精油产品项目遇挫后,我们提出了代言、培训、研发三大块IP合作,并采取固定收费加销售分成模式,以轻资产的模式合作,轻而易举地实现了不战而胜。

六、口碑裂变

我们在之后的几年,一直保持着品牌热度与势能,登上了《环球时报》英文版、《华西都市报》、《三湘都市报》、《长沙晚报》等近

开练：潜意识营销才是超级营销

百份报纸，大多是整版报道，接受了很多电视媒体专访，比利时国家电视台、阿拉伯半岛电视台不远万里前来采访，被路透社、法新社等国外媒体报道，之后被汪涵、郭德纲、孟非、赵屹鸥等近110人采访。电影《催眠大师》上映，受邀独家对话主演徐峥，并获得高新区政府资金扶持与多项创业大奖，受梦洁集团、北辰集团、金茂集团等近百家企业邀请分享"个人品牌打造与潜意识营销体系"相关课程。

▶ 圆规为什么能够画圆？是因为心不动，脚在走！你为何不能圆梦？是因为心不定，脚不走！没有付出，就不会有回报。如果你有志成为行业第一人或打造行业第一品牌，就必须定下心来，十年如一日地专注一个超级词语，踏踏实实地学习、实践、挑战、改善，再学习、再挑战。失败并不可怕，可怕的是选择了放弃或者不敢再挑战……

一词即一生，专注一个超级词语就能开创一个超级人生。为了帮助更多迷茫、困惑的职场新人与中小企业家找到自己的人生定位和事业方向，我愿意每个月至少拿出两天时间来做公益讲座，与大家分享个人品牌打造的六大步骤与九大能量。事实上，你的个人品牌价值千万！有个人品牌就会有流量、有销量、有资金、有渠道、有产品、有人脉、有源源不断的机会找上门来……不花一分钱打造个人品牌，等你开练！

▶ **第一章思考题**

以个人品牌为例,请问问你自己:

1. 你的超级品类是什么?

2. 你的超级词语又是什么?

开练

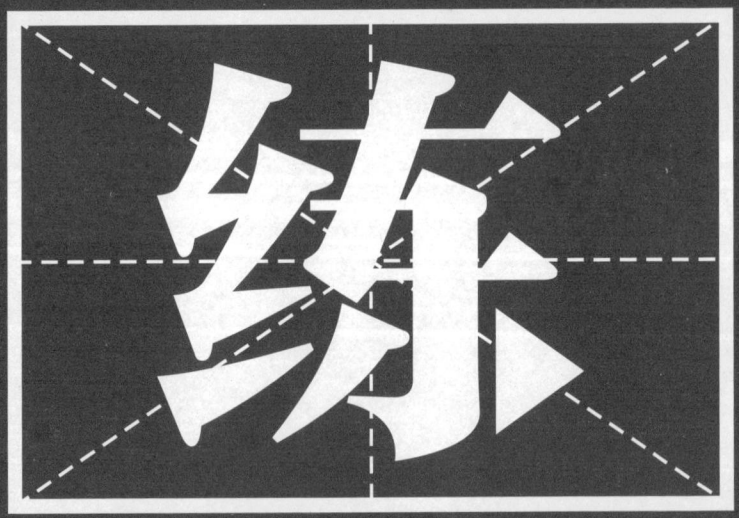

潜意识营销的
六大步骤

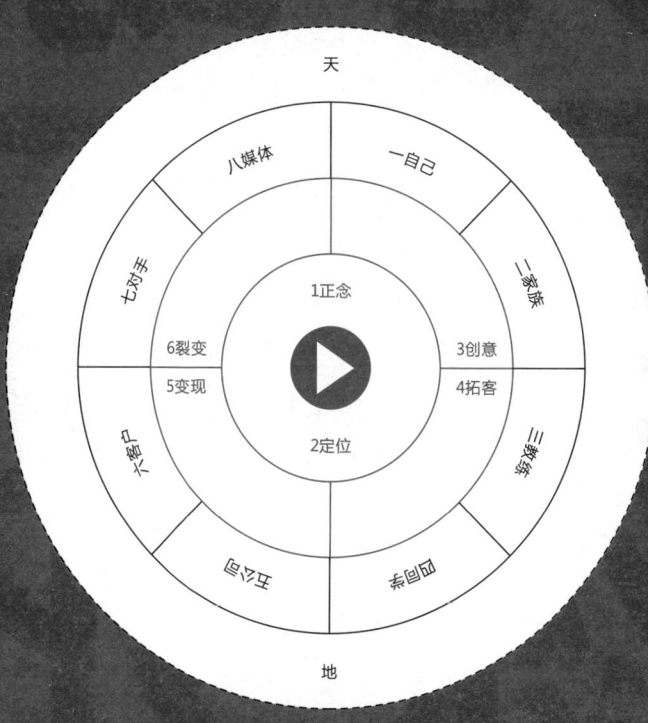

开练

练不死

死里练

第二章
潜意识营销的六大步骤

营销是门手艺,开练需要勇气。

我常常思考,自己一辈子做的超级品类必然是营销咨询这一件事,但如何才能与众不同呢?自己的超级词语又是什么呢?这些营销战略原理说得轻松,做到却是难如登天啊!

以上问题,我问了自己上千遍,仍然没有明确的答案。后来恩师告诉我:"一个人练习的速度远远不如小伙伴们一起'开练',和优秀的同伴们一起刻意练习,大家可以相互'照镜子',能够持续获得高质量的反馈,这样进步往往是最大的。

大师兄之所以能够有今天的成就,也得益于他和身边的小伙们教学相长,毫不夸张地说,这些学习共同体是决定刻意练习效果的关键力量。"

开练：潜意识营销才是超级营销

想丰富口袋，必先丰富脑袋。为了寻找优秀的伙伴和导师，我花费了大量的时间与精力，隐藏自己作为营销战略咨询师的身份，以睡眠先生互联网科技有限公司创始人的名义，混迹于各大创投机构与孵化机构。我不仅和优秀的创业导师与身家数十亿的企业家们零距离深度对话，还认识了许多志同道合的同学，他们往往也是身经百战，丝毫不亚于任何一名资深营销战略咨询师。我还一度与体育界的世界冠军们称兄道弟，用糖衣炮弹，撬开了这些世界冠军的嘴，得到了他们刻意练习的秘密方法。

正是在同学们的帮助与启发下，我明确了自己只专注大健康行业全案营销咨询这一基本方针，100年不动摇，之后，在大家的支持下创立了潜意识营销体系。为了收集各种原始数据与案例，有一年左右的时间，我"卧底"于直销及微商团队，了解他们的套路与方法，最终发现潜意识营销才是超级营销！为了进一步佐证这一观点，我又在营销战略圈与心理圈混了一年多。转眼，已有七年，本章主要是我28—35岁的开练心得。

▶ 或许，你和曾经的我一样，在某个领域是别人眼中的老师，但如果你敢于换个身份去当学生，相信你会有更大的收获与启发。有些时候，大家看不清自己，根本原因是缺少一面好镜子。

潜意识沟通的本质就是类催眠模式。有一天，我在和女儿玩催眠游戏时突然意识到,我既然能够借助潜意识沟通技术深度催眠一个人或一群人,那么,为什么不能将潜意识沟通与流程运用到营销领域呢?

其实,类似的建议恩师、夏毅、陈小华、邓辉哲也提醒过我几次,只可惜说者有意,听者无心,现在回过头来看,自己真的是个大笨蛋。人生就是这样,很多显而易见的事情,竟然被我们一再忽视,直到有一天恍然大悟。这需要时间和沉淀。潜意识营销的六大步骤是基于我的催眠实践总结出来的方法,与营销战略相结合就能发挥出巨大的威力。基于潜意识的沟通与说服,通过这六大步骤,潜意识营销可以从传播沟通上升到个人品牌与企业品牌的战略规划,详见下表:

六大步骤	内容导读	核心思想
超级正念	如何借助潜意识的能量	潜意识营销才是超级营销,这是一套由内及外,再由外及内的营销新技术。当然,也是基于无数代前辈们的经验与智慧的总结。在此,感恩所有的先贤大哲。
发现定位	如何制定品牌营销战略	
三大创意	如何通过创意强化战略	
五步拓客	如何寻找 100 个超级粉丝	
价值变现	如何快速成交新顾客	
口碑裂变	如何不花钱打造强势品牌	

以上六大步骤是层层递进的,顺序不能颠倒,完成每一个步骤之后,你都会得到一些新的线索与信息,这样才会有助于你下一步

的思考与规划。每周练习一大步骤，42天就能掌握潜意识营销！与其纠结，不如开练。与其痛苦，不如开练！来吧，让我们一起加入42天开练大行动吧！

有人说，五岳名山各有不同，泰山雄、衡山秀、华山险、恒山奇、嵩山奥，但如果你跳出地球看，全世界所有的山都是一样的。只要你站得足够高，你看营销的本质也是一样的，都是在与潜意识沟通，都是为了在受众的潜意识深处占据一席之地，都是为了争取某个品类数一数二的地位。

潜意识营销第一步：超级正念

千年的寺庙常有，百年的企业难寻。我时常在想，企业经营与发展实在是太困难了，单靠意识的力量是难以做到的，我们需要如稻盛和夫先生一般，借助"神明"的力量才能有所作为，而这个"神明"就是每一个人内在的潜意识。借助超级正念，就可以和自己的潜意识沟通，就可以得到"神明"的帮助。

思维决定行为，想法决定做法。因此，出拳之前必先收拳，起跳之前必先下蹲。我的潜意识营销战略观点是先由内及外的"发心"，后由外及内的"发现"；先确定自己的内在追求，后确定市场的外在需求！

修心！潜意识刻意练习方案

夜深人静的时候，我常常会思考，我的父亲懂那么多营销学知识，又是职业会计出身，能说会道、会写会算、吃苦耐劳，为什么他没有让家人过上富有的生活呢？反而是我的妈妈，没读过几年书，却赚了不少钱，这两者之间的差别又是什么呢？

▶ 后来我才知道，这个世界上的力量分两种，一种是能力，另一种则是能量。学习方法是能力，学习心法是能量。因此，潜意识营销技术强调的是先修心，后修法。先把自己的心性修炼好，再去修炼营销技法。

苦中苦，成就人上人。通常，每个大师都有专属的刻意练习方案，可以提升自己内心的能量。现代"催眠之父"艾瑞克森的嫡传弟子吉利根老师曾和我分享，他每天的刻意练习是起床后散步两小时，这样他就能进入一种心流的状态。

心理学家米哈里把这种毫不费力的高度专注状态称为心流。例如我们常常高度专注于某一项工作，废寝忘食，忘掉了时间、空间，甚至忘掉了自己的存在，从事绘画、设计、写作、编程等工作的人应该会有此体验。这种专注与高效，是靠意识无法达到的，借助心流的力量，却可以轻而易举地创造奇迹！

所有优秀背后，都是苦行僧般的开练。只有在刻意练习的基础上，

开练：潜意识营销才是超级营销

投入大量的深度工作时间，才能解决那些高度复杂的问题，最终决定个人成就的高低。修心如减肥，需要下日日不断之功。减肥的方法其实很简单，就是管住嘴、迈开脚、睡好觉。就这三点，超级简单，但是，成功减肥且长期保持较低体脂率的人少之又少。这是因为，多数人都缺少一颗自律的心，以及正确的方法。在我看来，绝大多数的减肥者除了在心法上要强化练习之外，在方法上也需要找到关键点，不然就会和猪八戒一样，天天吃素，走了十万八千里，还是头大肥猪。

能吃苦这三个字，多数人做到了前两个。一张科学的食谱往往会让减肥事半功倍，因为，它将复杂的问题简单化，简单的事情流程化。于是，我试着用同样的方法与格式，将进入心流的步骤进行了总结与整理，详见下表：

▶ 潜意识营销开练清单一：先修心，后修法

日程	时间	练习要领
观想	04：00—04：10	盘腿坐起来，以下催眠指导语各默念三遍：我能放下所有的包袱；我能感觉到自己的存在；我能接收到潜意识的智慧；堂堂正正做人，老老实实做事；越倒霉，越努力，越神奇。这些指导语就是我每天都在重复的超级咒语。
	04：11—04：30	观想自己的超级词语，基于这个词去"看"每天的工作，潜意识就会预演出几个画面，我所有重要的决策都是因为在潜意识里看到了，才会去做，往往很灵验。除了买彩票！

续表

日程	时间	练习要领
工作	04:31—06:30	这是一天当中状态最好的时间段,我会优先做最重要的事情,总会有一种神秘的能量来帮助我完成它。你可以试一试。
读书	06:31—07:30	首先,精选一本行业经典图书来读。其次,最好能够读20遍以上。最后,找到30个学友相互出题或一起出一本内参。这些都是大师兄的刻意练习方法。
写作	07:31—08:30	一日一练。最近三年,通过"输入、思考、输出",我每天都会写不少于500字的营销心理类文章,收获非常大。如果你能坚持一年,我相信你的专业能力将有质的飞跃。
午休	12:31—13:00	最佳状态是睡15分钟左右,最好不要超过60分钟。
健身	19:31—20:30	健身从某种程度来说像一种精神类的药物,它能刺激多巴胺的分泌,抗焦虑、抑郁!且身心是合一的!
洗澡	20:31—21:00	每次洗澡,我都会和自己的身体及潜意识说:"加油,唐堂,越倒霉,越努力,越神奇,耶!"既洗澡,又洗心!
睡觉	21:01—04:00	倒头就睡,哪怕只睡三四个小时也会状态超好,偶尔失眠也没关系,享受失眠,起床读书。

我深信,心法先于方法,能量先于能力。不疾而速,以拙胜巧。真正的高手都是把复杂的问题简单化,简单的事情重复做,专注一招,不急不慌不焦虑,坚持40年,必有所成。潜意识营销才是超级营销,42天开练大行动,你我开练!

注意事项:每个人的生物钟是不一样的,大家不必生搬硬套,此开练清单仅作为参考,如果做不到切勿因此造成新的焦虑感。

作为一名有着近 20 年病史的心脏神经官能症患者和近 10 年的躁郁症患者，我深知心理学与神经医学的相互作用原理，以及患者的切身感受与痛苦，我可以证明本表有较强的身心疗愈效果。

每天的观想与呼吸练习能帮助我的植物神经功能趋于稳定和规律，每周适度的健身能够帮助我分泌足够的五羟色胺和多巴胺来抵抗抑郁情绪，通过生物钟重置技术和方糖理论（缩短睡眠时间），能够提高睡眠质量并改善失眠现象，洗澡时的自我对话相当于一种心理干预。

▶ 在这套刻意练习方案的帮助下，我的身心症状几乎全部消失。本练习方案值得每位焦虑、抑郁、失眠的伙伴试一试，重要的是，这既不花钱也不吃药，还有奇效。为什么不试试呢？开练吧！

另外，我想呼吁大家不要歧视心理疾病患者，人的身体会感冒，那么心灵也会感冒，面对它、治愈它就可以了。桥水公司创始人瑞·达利欧在《原则》里提及，天才往往和疯子只有一步之遥。许多很有创造力的人都曾患有躁郁症，包括欧内斯特·海明威、贝多芬、柴可夫斯基、凡·高、杰克逊·波洛克、弗吉尼亚·伍尔夫、温斯顿·丘吉尔，现代催眠之父米尔顿·艾瑞克森也曾患有严重的脊髓灰质炎（俗称小儿麻痹症）。家人的爱、包容及鼓励，会让我们更有信心去面对另一个自己。言归正传，这套刻意练习方法非常具有仪式感，也非常容易构建一个强大的能量场。

第二章 潜意识营销的六大步骤

瑞·达利欧曾说:"我们都是冥想者,希望在宇宙中留下印记。"罗伯特·西奥迪尼说:"在我们身体的底层,在我们每一个人的潜意识,都沉睡着能够突然被唤醒的能量,只要我们把注意力转移到它们上面,它们就能创造出强大的力量。"

据我的体验,"冥想"一词比较抽象,但观想却有更为具体的画面,而画面才会被我们的潜意识识别并记忆,这一点,吉利根老师也持同样的观点。我们可以先找一个词语,基于这个词语形成画面,最终找到一种感觉。

我们要有梦想,但决不能空想。管理的本质就是管理自己,营销的本质就是营销自己,一切的根本在自己,不在别人。营销之前必先强调心力的修炼,靠自己的聪明才智或大脑是做不到的。借助你信仰的能量,借助你念念不忘的"咒语",下日日不断之功,你才能创造奇迹。

战时怎么打,平时怎么练!一个人要想有所成就,一定要敢于挑战自己的极限,只要不放弃,就一定会有柳暗花明的一天。我们能做的就是不断地总结这些失败的教训,并从中找到成功的关键点,然后继续挑战自己的极限。这套修心之法能帮我们构建一套身心免疫系统,有效抵抗心理问题的困扰。如果你有这样一颗强大的内心,其他的方法都可以慢慢地学习和掌握,反之,再好的方法、再厉害的教练,都帮不了你。

▶ 案例 4：借助潜意识的能量，日本金刚组存活 1400 多年

提到世界上最古老的企业，不得不说日本金刚组。它是一家造寺庙的建筑公司，这家创办于公元 578 年的家族企业可以说是日本企业界乃至全球企业界的一大奇迹。我看来，其秘诀有两个。

一、超级正念

要埋头本行，切不可不自量力，严戒盲目多样化经营。金刚组的家训就是一段标准的自我催眠指导语，他们每天都在和自己的潜意识对话。

企业的终极竞争不是做大做强，而是做久，定心一处是金刚组赖以生存的基础。不论外部环境如何，金刚组只专注于自己本身的核心业务，尽管这样会使得自己失去某些潜在的机会，但是，能持续主打和强化"建寺庙"这个超级词语，会让他们在客户的潜意识中树立权威形象，由此，获得企业的发展与利润。我建议所有企业都可以写下三条自己的家训或企业使命，经常和自己的潜意识进行沟通。

告诉我，你想占领的是＿＿＿＿＿＿（超级词语）+ 你是＿＿＿＿＿＿（超级品类）。潜意识营销就是不断重复！重复！再重复！

二、重视传承，基业长青

金刚组能够传承的重要经验之一，就是在继承人的选择与培养方面非常灵活。在男尊女卑的封建时代，金刚组不但选贤予能，允许女性继承其祖业，而且，在遇到没有男性继承人的情况时，也会招上门女婿。

1932年的金刚组首领金刚治，认为自己辜负先祖重托，在先祖墓前自杀了。一念天堂一念地狱，很多时候，生死也只在一念之间。因此，潜意识沟通更需要强调正心、正念、正见的重要性。

现代社会，飞速发展。身处移动互联网时代，我们饱受信息的轰炸，稻盛和夫先生将这样的一个时代比喻为"乱世"。他所谓的乱世不是指战乱时代，而是说科技发展到如今，互联网颠覆了我们的生活，物质也是前所未有的丰富，而我们却感到思绪前所未有的混乱，诱惑和不确定因素与日俱增，选择和坚持显得日益困难。

身居这样一个"乱世"，我们应当如何生存？

首先，就是要选择一个超级词语，把它深深地种在自己的心田里，给它施肥、松土、浇水，看它慢慢发芽、长大，然后，渐渐地会让所有人都看到，哦，那个词，就是它！很多人会说："别把鸡蛋放在一个篮子里。"显然，这也是绝大多数人的做法，但是,"非"常人会选择另一条路——把所有的鸡蛋放在同一个篮子里,并且,好好地照看这个篮子。有时候,世界并不复杂,复杂的只是自己的内心。潜意识营销的第一步就是超级正念,开练吧!

改变你的潜意识,就能改变你的人生

平日里的我执,我的焦虑与抑郁情绪,我对大师兄的种种不服气,让我情绪波动很大。这些全被大旗老师看在了眼里。他常对我说:"师父领进门,修行在个人。唐堂啊,少时学语苦难圆,只道功夫半未全。到老方知非力取,三分人事七分天。"

我知道恩师是想宽我的心,一来是想让我内心得到解脱,不必纠结于成败,二来是想告诉我,营销战略入门的方法都教给我了,剩下的就是日拱一卒,下日日不断的苦功了。纠结没有任何意义,只有行动才有奇迹,你相信的事情,才会慢慢地变成现实。

成不了心态的主人,必沦为命运的奴隶。因此,学习潜意识营销的第一步,就是超级正念。这里有一句特别重要的超级咒语可以分享给大家,那就是妈妈常常说的"越倒霉,越努力,越神奇",在我最迷茫、最痛苦的时候,救我命的不是大师兄,而是这句超级咒语!

如果你每天念七遍"越倒霉,越努力,越神奇",坚持七天就会有惊喜发生,如果这一句话你能坚持念七年,你的人生会大有不同,在我看来,这就是史上最强超级咒语。与其纠结,不如开练。与其痛苦,不如开练!

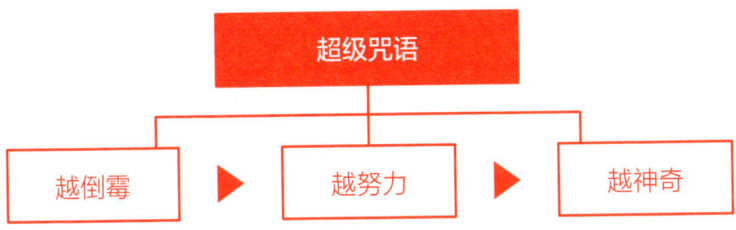

▶ 先有心法后有方法,所有的技巧都是由心而生的,这句超级咒语就是强大内心的根本能量。或许,你找不准超级词语,也没有找到超级品类,但你只要深信这一句超级咒语,它就会产生神奇的能量!这句超级咒语就是本书的重点!

现在,请把这句超级咒语抄一遍:_____

_____。

这句咒语源自我的外公,他是一名革命军人,参加过解放战争与抗美援朝战争,他把这句话传给了我的妈妈。同样的一句话,妈妈说给我听,就产生了作用,说给爸爸听,却没有效果。

▶ 一句话究竟有没有效,关键在于你听不听、信不信、做不做,能不能坚持到底。许多时候命运把我们定义为一个受害者、失败者,我们是该接受命运的安排,还是奋起反抗?

大约 10 年前,我第一次走进心理学教室,遇到了一个老师。他打了一个比方,他说人生会遇到很多的绊脚石,一不小心踢到了脚会很痛,结果越痛越踢,越踢越痛,不愿意改变自己的人,就这样进入一个死循环。而真正有智慧的人,他遇到了一个又一个绊脚石,他试着改变自己,抬起来脚来踩在这块石头上面,这块石头就让他站得更高,看得更远,成长更快,绊脚石就变成了垫脚石。

我瞬间顿悟了!心里想着:"因为越倒霉,能量就越大,我们可以把那些负能量的'-'变成'+'。OK,我将拥有超级正能量。如图所示,化负为正,就是正心、正念、正见的关键动作。"许多道理,一旦顿悟,就会生发出奇迹!

后来,这个老师在会场当中又问了我们有没有讨厌春天的、讨厌夏天的、讨厌秋天的、讨厌冬天的。

老师每问到一个季节,都会有人回答说自己讨厌这个季节。讨厌春天是因为很潮湿,讨厌夏天是因为很炎热,讨厌秋天是因为很干燥,讨厌冬天是因为很寒冷。这个老师就点头说:"是的,你们都有理由讨厌它。"但是他又反问大家:"你可以讨厌这一系列的问题,但是春夏秋冬会不会因为你的讨厌而改变呢?"

实际上是不会的,如果我们无法改变环境,就只能改变自己。我们是不是可以看到春夏秋冬内在一些值得肯定的内容,一些正面的、积极的内容呢?这时候他就说春有百花,秋有月;夏有凉风,冬有雪。很多时候人内心拥有一个正念,你始终看到的就是正面能量,你始终是保持正面的思维,保持正面的行为,就会有正面的结果。一个人始终是看到负面的、消极的,那么你永远只会制造一个悲惨的人生。在那一瞬间,我就彻底明白了,这不就是妈妈常说的那句话吗?越倒霉,越努力,越神奇!

▶ 如果这本书里你只能记住一句话,那么,就请你把这句"越倒霉,越努力,越神奇"记在心里,并把它分享给更多的人,去帮助更多的人。有些时候,它真的可以救人一命!

你无法改变很多事情,你无法改变四季,但是你可以改变自己;你无法改变那些绊脚石,但是你可以改变自己;如果你改变自己,这一个又一个的绊脚石就会变成你成长的垫脚石。你的人生就会发生一个又一个剧烈的变化,你的人生就会出现一个又一个的奇迹。

开练：潜意识营销才是超级营销

身边的朋友们都知道，我是一个特别倒霉的人。身体方面，出生的时候胸骨就有点畸形，凹陷进去成了一个三角形，因此在计划生育最严厉的年代才有了弟弟唐正；读高中时受到霸凌和歧视，患上了心脏神经官能症，直到今天仍然没有痊愈，最严重的时候要随身携带速效救心丸；刚长大成人，父亲就突然离世，照顾妈妈、教育弟弟的重担就压在了我的身上；好不容易到外面的世界闯了点名堂出来，就患上了失眠症与躁郁症，一度有过自杀行为；再到后来，因为长期熬夜加班，患上了高血脂与脂肪肝，还有肾结石与蛋白尿。现在回头来看，我还活着就已经是个奇迹了。

学业、事业、爱情方面也给我带来过不少的打击：没有考上普通高中，所以只能就读职业中学、参加对口高考；大学毕业后创立了一个中西餐厅，开业不足半年就宣告倒闭；应聘远大集团失败，应聘梦洁集团失败，应聘某集团地产营销策划失败，想去投靠大师兄，结果还是失败；千辛万苦获得千万元风投项目，运营不到三年又失败。

人生不如意，十之八九。我们每天都会遇到各种各样不如意的事情、倒霉的事情。我们没有办法去改变命运的安排，但是，我们可以改变自己的信念，通过调整自己的心态，选择正确的方向，付出更多的努力就可以创造奇迹。

不思八九，只想一二。

▶ 阿尔伯特·埃利斯是20世纪美国知名心理学家,由他开创的认知行为疗法,是目前世界范围内应用最广泛的心理临床疗法,也是心理咨询师考试必考知识点。

根据自己的亲身经历,我在合理情绪行为疗法的基础上进行了简化,所有的负面情绪不是由外界直接触发,而是来自我们的信念,简单来说就是我们对事件的看法。用一个公式表达,就是A×B=C。A代表事件或困境,B代表信念或看法,C代表你的情绪。当B是一个负面信念或看法时,我们就会产生负面的情绪与行为。这时,我们可以通过+(修正)来转化B的信念,让它由−B转化为+B,让负面信念与看法"化负为正"。

凤凰涅槃,浴火重生。真正的强者是敢于正面痛苦,并敢于向自己开刀的人。正是因为我胸骨畸形、肋骨外翻,才有了我的好弟弟唐正。正是因为患有心脏神经官能症,我才开始学习心理学。正是因为父亲的突然离世,我倍加珍惜自己的生命,珍惜与家人的爱。正是因为患有失眠症与躁郁症,我才走上了学习催眠技术之路。正是因为高血脂与脂肪肝,我才去考取了中级健身教练与二级公共营养师,并练出了10块腹肌。当然,我借助了潜意识的能量。自律到极致的人,其实会觉得毫不费力。你究竟是自律,还是他律呢?

开练：潜意识营销才是超级营销

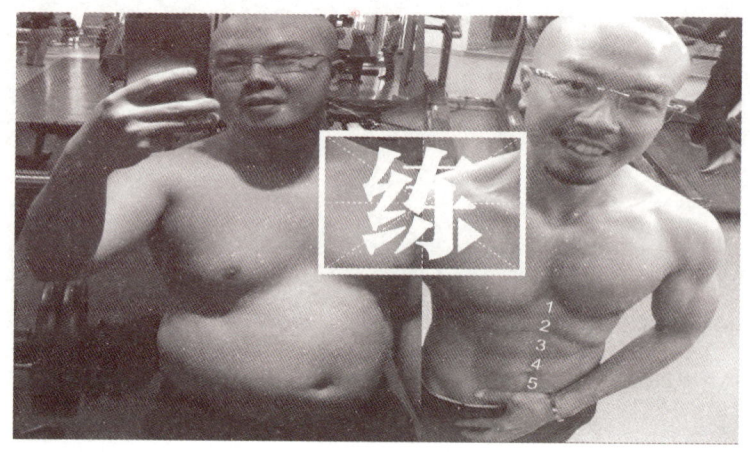

虽然我的恩师和师兄们比我有智慧、有资源、有实力，而且，比我高、富、帅，但他们没有我年轻，他们一年能干成的事，我用两年，他们10年能干成的事，我打算用20年。开练不苦，穷才苦。

正是因为参加对口高考，我才能在食品生物学与计算机软件设计方面有所研究，最终掌握了影响身心健康的心理、睡眠、运动、营养、食品等多领域专业知识，同时掌握大健康行业的营销心理、品牌定位、设计、传播、公关等营销学专业知识；正是因为多次创业失败，我才领悟到潜意识营销体系；正是因为应聘远大、梦洁、商业地产集团失败，投靠大师兄又失败，我才会倍加努力，珍惜每个来之不易的机会，老老实实地服务好每一位客户，最终成为这些集团的服务提供商与特邀讲师，并创立了一套新的营销理论；正是因为婚前被甩，我才会倍加珍惜这来之不易的爱情与婚姻。

齐特尔曼在《富人的逻辑》中曾采访了45个顶级富豪，其中有23人曾经是竞技运动员，在这些运动过程中他们学会了两点：一是认识到"长期坚持"对于成功的重要性；二是如何"应对胜负"，尤其是从失败中站起来。在面对失败时，这些富豪往往会主动为失败负责，他们很少去责怪别人，而是不断自我反省，这些观点是富豪们从长期参加的运动中获得的，因此齐特尔曼建议创业者们多做运动，这样既能减压，也能修炼一颗强大的内心。

我无法改变世界，但我可以改变世界观。我知道不管我如何努力，都无法改变四季，改变外在的环境，改变无法命运的安排，但是，我可以通过"化负为正"改变自己的内心、信念与想法，获得持续成长的能量。很多时候，自己改变了，命运也会随之改变！因为想法决定做法，思维决定行为！

感恩那些倒霉的事情，感恩那些不好的事情，去接受它，去改变它。为此，我曾经在58集团办过一个"倒霉的摄影展"，来传播"倒霉"哲学，让更多自认为倒霉的人，看到生命的另一种可能。

▶ 永远保持超级正念是所有心理学家刻意练习的最高境界。人生就是由一道道的门槛所构成，所谓门槛，过了就是门，过不去就是槛。

开练：潜意识营销才是超级营销

瑞·达利欧曾分享，没有痛苦就没有成长，他养成的最有价值的习惯就是利用痛苦来激励自己进行高质量的思考，如果你也能做到这一点，你终将明白是什么造成了你的痛苦，你该如何对待痛苦，这将让你不断进化，并不断超越自己的极限。

我曾仔细探究过瑞·达利欧的人生历程，1949年出生的他虽然考取了哈佛大学商学院，但是，直到33岁还没有做出任何惊天动地的事情，居然还向父亲借4000美元以维持生活，之后又卖掉了家里的两辆汽车。

近70岁的他，持续写作《每日观察》已有40年，相关文章高达一万篇，经过数十年的坚持，他现在管理着1600亿美元的桥水基金。所以，余生很长，何必慌张？

恩师常说"以苦为师",我一直没有明白这句话的真正意义,直到我阅读完《原则》一书才明白,只有痛苦才是改变的最大动力,没有痛苦就没有成长。实事求是地说,作为一个有着超过 20 年心脏神经官能症的患者,我的心脏受压力影响非常大,异常敏感,所以,我会经常感到胸闷与焦虑。因此,内心的自我对话非常重要。我时时刻意训练自己,保持正念、保持喜悦、保持中正,虽然这并不容易,但是,不这样做会更加难受,幸好,我的家人们经常会提醒我、帮助我、纠正我。

▶ 据我多年观察,越是苦大仇深、历经磨难的人越是能够成就一番伟业。因为,越是这样的人,他的"要性"就会越强,动力就会越强,行动就会越强,成果就会越大。

改变你的潜意识,就能改变你的人生。不管是行为心理学派、精神分析学派还是人本心理学派,其共同之处就是化负面为正面,化压力为动力。那些取得卓越成就的人往往都有一颗"皮球心",而不是"玻璃心"。心法先于方法,能量先于能力。"越倒霉,越努力,越神奇",这一句直指人心的超级咒语,包含了反脆弱、认知、行为、人本、精分的所有智慧,它能激活潜意识的最强能量,能够有效对抗焦虑与抑郁情绪,值得分享给身边所有的亲人和朋友。拥有一颗强大的内心,才是潜意识营销的先决条件。潜意识营销才是超级营销,42 天开练大行动,你我开练!

> 开练：潜意识营销才是超级营销

▶ 案例 5：稻盛和夫拯救日航的关键办法

稻盛和夫 27 岁创办了京瓷公司，52 岁创办了日本 KDDI 第二电信公司，这两家公司都在他有生之年进入了世界 500 强。很多人觉得稻盛和夫是一个非常幸运的人，他自己却说，幸运是用霉运堆出来的。

原来，他从小多次复读，得过肺结核，差点加入黑社会。改变源自他在治疗肺结核时看到的一句话："人的心灵是一块磁石，软弱的心灵只能吸引来不幸的种子。"而正是这句话，改变了稻盛和夫的一生，让他取得了事业的成功、人生的辉煌。

有着 58 年历史的日本航空公司，于 2010 年 1 月向东京地方法院申请破产，成为日本自二战结束以来最大的一起非金融企业破产案。为了挽救危局，重振日本社会的信心，时年 78 岁且已退休的稻盛和夫被首相邀请出山，出任破产重建的日航董事长。年迈的稻盛和夫答应出山。上任之初，他就坚定地宣布：实现新计划的关键在于一心一意。除此之外，他还做到了：

一、身先率人：无论环境如何变化都要实现既定目标的坚强意志和燃烧般的热情，付出不亚于任何人的努力，每位领导人必须率先实行这个原则。

二、量宽得人：他要求所有领导人要反省，要谦虚，要有勇气，要坦诚，要勤奋努力，要乐观有梦想，要抱有感恩之心，领导人必须具备值得部下尊敬的优秀品格，且他不带任何团队到日航。

三、律己服人：稻盛和夫不顾78岁的高龄，坐日航经济舱，到基层说服普通员工，此情此景，感人至深。

四、散财聚人：零薪水出任，任劳任怨。

在零薪水、零己方团队支持的情况下，稻盛和夫扭转了日航颓势。从2010年2月1日上任到2012年3月底，在424天的时间里，稻盛和夫就帮助日航创造出1884亿日元利润，加上前一年1800亿日元的亏损，当年实际拥有3684亿日元的盈利，成为同期全世界民航业利润第一的公司，其利润是主要竞争对手"全日空"的三倍。这一年，日航做到了三个第一：利润世界第一、准点率世界第一、服务水平世界第一，堪称业界奇迹。

回顾这段历史，不得不赞叹稻盛和夫"一心一意，敬天爱人"的经营哲学之精妙，对于日航的管理者，稻盛和夫更是亲自组织学习会，把经营者应该具备的资质和经营企业所必需的管理知识，深入到每堂学习会当中。这样的学习会每周四次，一个月下来办了17次，让管理者受到了彻底的教育。

从某种意义上来说，日航经历了破产这样一件倒霉的事情之后，在稻盛和夫的带领下，通过全员努力创造了一个神奇的"V"

字形逆转。这样的精神令人尊重和学习！同时，也再次见证了"越倒霉，越努力，越神奇"这一咒语的超级能量。

为什么有些人越倒霉，越努力，越不幸

在错误的道路上拼命奔跑也将无济于事，停下来就是进步。我一度将这句话贴在了办公室内，但是，在战略发展上我们也一度迷失了方向，花了巨额的资金，付出了不亚于任何人的努力，结果输得很惨。太惭愧了。

▶ 这就是很多人认为的"越倒霉，越努力，越不幸"。之所以出现这样的情况，就是没有找到正确的努力方向。方向不对，不仅仅努力白费，更有可能产生"副作用"。

2013—2016年，我至少有50%的动作都是无效动作，甚至有20%左右是有害动作，我们却天天给自己打鸡血，说服自己努力前行，现在回过头来看，真的很搞笑。如果当年能够在结合产业大数据的前提下，认真地做一下SWOT分析就好了。

一、优势基因

这是一套营销学最基础的分析模型。与传统的SWOT分析法不同的是，我是以效果为导向，通过这套模型来找到优势基因的。请认真填写以下表格，进行练习。

劣势 / 讨厌的事情	威胁 / 亏钱的事情
1.	1.
2.	2.
3.	3.
优势 / 喜欢的事情	**机会 / 赚钱的事情**
1.	1.
2.	2.
3.	3.

基于 SWOT 分析出来的结果，通过走访调研、分析所推论出来的初步结论也只是一种机会而已，可能商业逻辑能够自洽，但是还不能断定在执行中能够实现预期效果。我自己就亲身测试过，同样一个项目，在营销战略圈里咨询不同的大师，得出的意见也完全不一样。这里面，我们最常用的便是 A/B 测试法，具体的操作办法是投入相同的条件，来对机会 A 与机会 B 进行封闭测试，通过实际验证最终确定哪一个机会更适合品牌的发展。

在接触过 2000 多个创业项目之后，我发现，企业与品牌死亡率最高的阶段是战略原点期，也就是所谓的从 0 到 1 的阶段，在这个阶段有许多假设需要验证，例如品类的选择、超级词语的选择、产品的迭代与功能、服务的流程、商业模式，等等。

战略原点期存在极大的不确定性，就像是小马过河，需要自己摸着石头亲自验证，大象和松鼠说的都只是参考意见，究竟河有多深只有自己小心验证过才能知道。我建议大家可以用"小步快跑，低成本主动试错"的方式来展开验证，比如自己能够手工调制一瓶复方精油，决不会建一套流水线来试错，能用一万元验证的决不用 100 万来试错。初创阶段，弹药是极为有限的，我们一颗子弹都不能浪费。

以上这些都是《精益创业》一书提到的 MVP 验证法，所谓 MVP，即最小化可行产品，其主要作用是对产品进行顾客价值验证。产品不用尽善尽美，每次只验证一项核心价值，并不断通过顾客的反馈进行快速地修正与迭代，形成最终产品。

二、以不变应万变

某日，恩师讲了一个故事。唐朝时期玄奘法师要到西天取经，他来到长安城，要寻找一匹坐骑。玄奘法师来到一个马厩里面，看到了一匹白龙马和一头小黑驴，最终他选择了白龙马。十多年之后玄奘法师取得真经归来，白龙马得到了英雄一般的礼遇。它回到马厩，见到它的老朋友小黑驴，两个兄弟在一起聊天。小黑驴问白龙马："恭喜你成为英雄，这十多年你是怎么过的？"

白龙马说："我去过一个国家，那个地方只有女人，叫作女儿国。去过一座山，鸡蛋刚拿出来就被蒸熟了，那座山叫作火焰山。去过一条河，木头扔到河里就沉下去了，那条河叫流沙河……"小黑驴听得非常入神，白龙马问它："兄弟，你这十多年过得怎么样？小黑驴说，我每天就在这个马厩里磨豆子，转圈圈。眼睛被蒙住了，只能'看见'眼前的胡萝卜。"

其实人生就是这样，小黑驴和白龙马每天工作的时间大体差不多，一生中走的路也差不多长，之所以经历与境界不一样，取决于三个方面：

第一，就是跟对人。你跟谁在一起，你将成为谁。选择好的教练、好的公司，十分关键。第二，就是制定一个长远的目标，十年如一日地坚持下去，而不是原地打转，不断归零。第三，最重要的是，要确保方向是正确的！

一个人，一定要找到自己的天赋所在，聚焦一个词，主打一个词，最终，成为人们潜意识当中某个品类的第一选择。身处"乱世"，只有这样才能以不变应万变。

开练：潜意识营销才是超级营销

简单就是极致的复杂。化繁为简，潜意识营销才是超级营销，只需要确定你要占领的超级词语是_____，这一件事就够了。所谓的天赋，简单说，就是自己喜欢又赚钱的事情。

▶ 每个人都是与众不同的，天赋往往也是因人而异的。通过 SWOT 分析法，我们大体能够找到自己的方向，幸运的人会找到一个超级词语。方向确定了，不代表你能取得真经。漫漫取经路，你既要苦练七十二绝技，更要笑对八十一难。

在成长之路上，一开始大家都是模糊的、黑暗的、不清晰的，没有关系，你大概知道一个方向就可以了。这种感觉就像是在夜间开车，你大概知道要去哪里，开着车，远光灯只能照着前方的300—500米，依照 GPS 的导航在黑夜中孤身前行。人生就是一个不断修正的过程，你只需要坚持，只需要确定一个大概的方向，看清楚眼前的路，不急不慢地往前走，只要你能坚持，早晚能够到达人生的目的地，只要你在路上，你就不会感到迷茫。往前走，不要停。很多朋友之所以感觉到失眠、焦虑、抑郁、迷茫，就是因为他想得太多，做得却太少，太纠结了。只有行动才会创造奇迹，只有行动才会消灭焦虑，只有行动才有未来。如果你找到了自己的天赋所在，那么，动手去做吧。寻找天赋，不要去想，要去试！凡事要三思，但比三思更重要的是三思而后"行"。想都是问题，练才是答案！

潜意识营销才是超级营销，42天开练大行动，你我开练！如果你实在不知道自己应该做什么，那么你可以先确定自己不做什么。例如：我永远不想混饭吃，我宁可选择失败，也不想做平庸的人。我不愿意做管理类的工作，也不愿意做生产类的工作。我不愿意接待那些没有诚意的客户，也不愿意接待没有执行力的项目，我不愿意去跑业务，不愿意去骗人，哪怕他们给我很多钱。我不愿意在国企上班，不愿意拿铁饭碗，哪怕我一去就给我安家费还给我分房子……当然，我并不是否定这些职业，而是这些工作不适合我，事实上，这些观点在我18岁就形成了。虽然我不知道自己究竟要做什么，但我非常清楚自己坚决不要什么！

不识本心，学法无益。并不是每一次努力都会有收获，但每一次收获必然离不开努力。尽人事以待天命，老天会出手相助的，相信老天。我们要尽最大的努力，只有这样才具有被命运选中的机会。我所认识的顶尖高手们，每一个人私下都付出了不亚于任何人的努力，每一个人都付出了十倍百倍的汗水。在此之前，无论是打造个人品牌还是打造企业品牌，都一定要确保方向基本正确，不然就会越倒霉，越努力，越不幸！切记！

▶ 案例6：凡客交过的学费，你可以不交了

2015年，在微信朋友圈，有一篇财经文章非常火。文章讲的

是凡客的创始人陈年先生的反思与总结,我看过之后,收获挺大。

凡客成立于2007年,第三年就创造了20亿元的营收,第四年创造了39亿元的营收,但是获得量的辉煌之后,质的问题却给了这家公司重重一击。2011年,公司有13000多人,光总裁就有30多位。2015年,只剩下不到300人,核心业务负责人只有七个,但业务却做得比以前更顺了。

当时,他们的思考方式完全是内部思考模式,为了达到年销售额100亿的战略目标,完全不考虑市场的认知,开始一厢情愿地倒推需要扩张多少个品类、多少SKU(库存量单位),按照一人管七人的原则,公司就要有几十位副总、两三百位总监。之后,雷军对陈年说:"不够专注、不够极致是凡客遇到问题的原因。"雷军问他:"你能不能先专注地只做好一件最基本的产品?"

陈年选择了将一件白衬衫作为爆品,并在面料、板型、背书、传播方面下了一定的苦功,最后,他说,未来换季时你要买件衬衫或者超轻羽绒服,能想起凡客,这就够了。

不管最终凡客做得怎么样,我都要为陈年点赞!为他的屡败屡战点赞!通过这篇文章大家可以明白散焦的危害与聚焦的力量,如果你一开始没有明确自己的优势品类,没有极度聚焦自己的优势赛道,就会越努力,越倒霉!这样的悲剧英雄,太可惜了。

找到超级偶像,就能唤醒超级潜能

汽车大王亨利·福特曾经说过,你相信你能或者是不能,你都是对的。你的偶像是谁,你将成为谁,你崇拜谁,你将成为谁。毫无疑问,我被恩师"催眠"了 14 年,说大师兄如何厉害、如何高明,我的偶像当然是大师兄啦!

保持超级正念最好的办法就是寻找一个超级偶像,因为你崇拜他,你就会认可他的价值观,认可他的理念,认可他的思维,认可他的行为,最终也会认可他的结果。这就是偶像的力量。偶像就相当于你人生的一个坐标、一个榜样、一个参照物,这个,就是镜像神经元现象。

20 世纪末,意大利帕尔马大学发现,猴脑中存在一种特殊神经元,能够像照镜子一样通过内部模仿而辨认出所观察对象的动作、行为的潜在意义,并且做出相应的情感反应。科研人员把这样一种具有特殊能力的神经元称作"大脑魔镜"。

很多年轻人过得很茫然,没有方向,没有目标。原因是他们没有寻找到正确的偶像,没有形成正确的价值观,没有明确的参照物,也没有很强大的动力支撑他们。所以,我建议每位职场新人都为自己找一个偶像,用偶像来激励自己,指引自己。

我的第一偶像是曾国藩。在中国历史长河中,评价圣人有立德、立功、立言三个标准,五千年来整个中国只有"两个半"圣人,一个是孔子，一个是王阳明，另外"半个"就是曾国藩。我希望自己能像他一样"守拙"，结硬寨，打呆仗，读书也像他一样，一句不通不读下一句，一书不通不读下一本，永远把基本面、基本功做到极致。

我的第二偶像是毛泽东，中国人民解放军和中华人民共和国的主要缔造者和领导人、诗人、书法家。毛泽东被视为现代世界历史中最重要的人物之一，《时代》杂志也将他评为20世纪最具影响100人之一。我希望自己能像他一样"文武双全"，既文明其精神，又野蛮其体魄。例如，他通过冬日里洗冷水澡来磨炼自己的意志力就给了我很大的启发，为此，我曾洗了整整一年的冷水澡，即便在大雪纷飞的时候我也没有落下过一次，这对于意志力的训练有一定的作用。

你的偶像是_____，你希望自己像他一样的_____，崇拜谁，你就会成为谁。通常每一个伟人都有一个崇拜的对象，一直激励着他，支持着他。找到超级偶像，就能激活超级潜能。

▶ 其实，我们之所以崇拜这些偶像，更多的是因为他们的价值观与故事激励着我们。同样的，如果你能够输出你的价值观与故事，你也会收获大量的粉丝与支持者！

▶ 案例7：漫威超级英雄，就是潜意识超级营销

漫威系列的超级英雄们，大多经历过惨痛的失败与命运的磨

难：美国队长原本是一个皮包骨头的"豆芽菜"，却敢于扑倒在炸弹上保护自己的队友；钢铁侠虽然不能阻止自己的父母被害，却用父亲的梦想用科技来保护人类；蜘蛛侠姑父的意外离世，让他为了保护更多人而守卫正义；雷神被父亲收回神力、被弟弟欺骗、被姐姐打败，仍然没有失去信念，没有放弃自己的使命。

通过这些故事，我们看到一个个普通人是如何一步步成长为超级英雄的，他们并不是生来就如此强大，他们也曾失败过、迷茫过、恐惧过，但最后，他们战胜了自己，战胜了命运，他们面对命运永不害怕，面对失败永不放弃。

美队的固执、雷神的自负、钢铁侠的不羁……每个英雄都有自己的缺点与不完美，而正是这些不完美才让他们有血有肉。从他们的身上，我找到了自己的影子。越长大越孤独，成年以后的我们在这个现实的社会里，更要保持一份单纯，一个梦想，因此，我们更需要一个英雄梦，让我们即便伤痕累累也能初心不改，让我们历经失败却永不放弃。

这些英雄梦的背后是美国梦的价值输出。自1776年以来，美国人相信只要自己不懈努力，就会过上更美好的生活，人们只有通过自己的努力、坚持、决心和知识创造美好生活，而不是依靠别人的援助。200多年以来，美国梦一直激励着无数满怀梦想的年轻人，让他们放弃故土到美国淘金，而美国也因为这些杰出的人才，成为全球第一强国。

你崇拜谁,你将成为谁,文化竞争力就是软实力。这一点,值得我们学习和借鉴,作为武侠迷的我时常思考,中华五千年历史中的英雄人物数不胜数,中华文化中的"侠文化"源远流长,为什么我们不能通过侠文化来输出中国梦呢?

潜意识营销才是超级营销,找到心中的超级偶像就能拥有超级正念。移动互联网时代,是一个信息极度爆炸的"乱世",诱惑和不确定性进一步加大,在这个时代,我们比任何时代都更需要英雄,需要偶像,需要信仰的力量!

潜意识营销第二步:发现定位

打造个人品牌与企业品牌得先有战略后有创意,随着移动互联网技术的不断发展,我们已经进入潜意识营销的新时代,而传统营销最薄弱的环节就是战略缺失。

"战略"一词最早是军事方面的概念,哈佛商学院的迈克尔·波特教授认为战略就是"用协调一致的行动创建一个价值独特的定位",杰克·特劳特在《什么是战略》一书中提到,"战略就是让你的企业与产品在潜在顾客的心智中与众不同"。

▶ 在我接触过的所有营销战略中,个人认为最具潜意识营销效果的就是定位理论了,艾·里斯与杰克·特劳特先生曾多次提及

心理学研究对于理解大脑运行机制非常有用,广告就是"实践中的心理学"。我发现,营销创意人往往对营销战略存有三大误区:

误区一:品牌就是符号

符号是指一个表示某种意义的记号或标记,来源于规定或约定俗成。虽然符号本身有着极为强大的潜意识沟通能力,同时也能激活人们的记忆与集体潜意识,但符号设计与应用本身属于营销创意层面,属于战术应用层面,尚未达到营销战略层面,更不能说品牌就是符号。企业经营的核心成果在顾客的心智中,左右着顾客的选择,这个核心成果,就是品牌。通过进一步观察消费者的购买行为,可以发现他们往往"以品类为思考,以品牌为表达",因此,品牌就是左右顾客选择的心智成果,就是在品类竞争中获得数一数二的位置,而非符号。

误区二:用符号打造品牌最小记忆单位

通常情况下,人们对品牌符号的定义包括名称、标志、基本色、口号、象征物、代言人、包装等,它可以是视觉、听觉、嗅觉、味觉、触觉符号,符号最大的优势是具有兼容性,最大的不足就是缺乏指向性。符号就像一把锤子,而超级词语才是那颗钉子,只有占据超级词语,深入人心,才是打造品牌最小记忆单位的最佳方法。

误区三：竞争基本单位的错误

邓德隆先生在《2小时品牌素养》一书中提到，品牌才是竞争的基本单位，战略规划应以此为起点。如果以企业为参与市场竞争的基本单位，首先会导致并购频繁，规模急速膨胀；其次，会导致先有公司战略，后有竞争战略；最后，极有可能导致战略骑墙。因此，商业竞争的基本单位是品牌而非企业，是品牌战略而非企业战略。这是大多数营销创意与企业咨询机构的通病所在！在我看来，邓德隆先生的这番话虽然有些绝对，却是事实。

综上所述，品牌并非符号，符号也不是最小的记忆单位，竞争的基本单位是品牌不是企业。此外，明茨伯格在《战略历程》一书中，总结了十大战略学派，以阿尔弗雷德·钱德勒的《战略与结构》为代表的设计学派，以熊彼特的企业理论和经济学基础为代表的企业家学派，以伊戈尔·安索夫的《公司战略》为代表的计划学派，以迈克尔·波特的《竞争战略》为代表的定位学派，以及权力、文化、环境、认知、学习、结构学派。

不过，这位明茨伯格先生居然连定位学派的创始人及代表著作者都弄错了，实在太不应该。定位之父是艾·里斯与杰克·特劳特先生，这是全球公认的事实。两位前辈于1969年提出定位观点，直到1980年，迈克尔·波特才结合定位理论开创了竞争战略。在我看来，定位学派是这十大学派中唯一一家明确提出竞争的战场在心智的，相比其他九家繁杂的理论体系，定位理论强调简化的战略框架，这一点我也是十分认同的。此外，战略的手段是竞争，根本是利他，与战争的本质是为了消灭战争、打完一仗一百年不打仗是同一道理。

营销之前先定位，定位之前先定心

定位理论在中国的兴起与现任特劳特咨询全球总裁邓德隆先生有着莫大的关系。2002年，特劳特先生在邓德隆的盛邀下首次访问中国，并在北京、上海、广州、长沙四城举办演说，因为早期的定位"四大金刚"中有两位与我有些渊源，所以，我在大学二年级就对《定位》一书有了深刻的印象，并进行了大量的阅读与刻意练习，能够倒背22个章节目录。

所谓定位理论，就是让品牌在顾客的心智阶梯中占据最有利的位置。2009年，美国《广告时代》杂志评选《定位》为"史上百本最佳商业经典"第一名。2001年，定位理论压倒菲利普·科特勒、迈克尔·波特，被美国营销学会评为"有史以来对美国营销影响最大的理论"。我发现其理论框架非常科学严谨，而且，在具体实践过程中往往非常有效，这套理论值得每一位创业者反复研读。

近年来，有许多营销专家说互联网时代定位理论已经过时了，定位三观不正，是抢凳子游戏，格局太小。在我看来这样的观点是大错特错的。大部分人认为《定位》一书就是定位理论，但这两者有天壤之别。

　　随着竞争的加剧、信息的爆炸，定位理论只会越来越有效，越来越重要，而所谓的爆品战略就是用定位反定位，爆品的逻辑就是聚焦单一品项，就是定位理论的应用。而所谓的超级符号虽然能够深入受众的潜意识，具有可操作性及经验总结，没有定位理论作为指引也会缺乏必要的指向性，其品类观点也一直模糊不清。有些专家说战略和定位是多选题，怎么定位都可以，决胜靠的是创意，这一点我是不敢苟同的。

　　这就像是西方的素描与东方的国画，一个写实一个写意，虽然各有各的风格与主张，但是，如果你想在绘画艺术上有所造诣，素描的点线面体与透视原理是必修的基础知识。定位不是万能的，没有定位却是万万不能的。阿里巴巴前"总参谋长"、现任湖畔大学教育长曾鸣先生在《智能商业》一书中提到，战略最核心的是定位，这是业界公认的事实。因此，打造个人品牌与企业品牌，只有明确定位后才会有创意与招商工作。

　　就像战略定位专家侯德夫先生在《成效管理》一书中说的那样，许多广告公司最喜欢的营销方法就是强调创意，事实上，没有战略作为指导，创意只是一句毫无意义的口号。例如，TCL的"创意感动生活"，李宁的"一切皆有可能"，东风日产的"人·车·生活"……

虽然定位理论的基础逻辑非常严谨合理，但其自身也需要与时俱进，不断进化升级。近些年涌现了一大批定位理论的爱好者与发展者，举办了"定位日与定位节"等相关活动，其中冯卫东先生的升级定位、辛敏琦先生的B2B定位既有理论又有实践，是我认可并欣赏的观点。通过与上千名定位学研究者交流，我们发现，如果在定位理论的基础之上，加上一个小小的前置动作，定位实践将会更为有效。

心与智是两个完全不同的系统，心一般代表潜意识、人心、感性、系统1、快思考，智一般代表意识、大脑、理性、系统2、慢思考。

世界心理研究主要学派分为精分、人本、认知三派，其中里斯与特劳特先生的定位理论其底层逻辑源自认知心理学，强调大脑的运行规律，而认知与行为心理学最新的成果是丹尼尔·卡尼曼的系统1、2之分，思考快、慢之分。同样，将意识形态分为意识与潜意识观点的还有精分创始人弗洛伊德及其弟子荣格的集体潜意识观点。

心理学三大流派有两大派认为心与智、系统1与2、潜意识与意识有别，并且基于这些不同之处，进行了大量的研究论述。区别心与智并不是单纯的文字游戏，而是建立在全球心理学家的最新研究成果之上的，我觉得，既然定位理论研究的是心智战争，那么，我们必然要深入研究心智最新发展。

▶ 定位之说本已完备，我只是添砖加瓦而已。在此，有必要重申潜意识营销战略观点是先由内及外的发心，后由外及内的发现；先确定自己的内在追求，后确定市场的外在需求！营销的关键点在心智之间，决胜点在心不在智，在潜意识不在意识，所以，潜意识营销才是超级营销。

我们认为定位之前要先定心，这就像出拳之前必先收拳，起跳之前必先下蹲一样。通过营销实践我发现，成功创业的关键一定是以强打弱、以多打少，永远坚守自己的优势赛道，这便是"由内及外"的思考，"为什么"便是定心。而通过分析外部竞争环境，顺应用户的认知找到一个适合自己的空位便是由"由外及内"的思考，"是什么"便是定位。两者并不矛盾，缺一不可。如果缺了定心这一个关键步骤，定位的失败率将直线上升。

定心、定位、定天下，本就暗合了儒家学说的"内圣外王"之道。事实上，全世界所有杰出的公司，真正的驱动力都是来自"为什么"，而不是"是什么"，真正的原动力来自内部而不是外部，来自愿景与梦想而不是目标与KPI，来自潜意识而不是意识。

要么定心，要么死！我们认为打造个人品牌与企业品牌，正确的思考路径都是定心、定位、定渠道、定促销、定价格、定产品。你或许会问，不对啊，科特勒先生提出4P营销理论的顺序不是这样的，而且，多数营销学教材都会把产品列为4P之首，为何我要把产品放在最后呢？

▶ 这就像房地产行业的预售活动一样，先做调研再拿地，先出效果图再收钱，最后按照大家的需求来盖房子，这样做一是加快了资金回笼的速度，二是将营销工作前置，降低了营销风险，这就是潜意识营销强调的以终为始，将想法变成现实。

一、先有心智资产后有产品

通过一词定心，我们能占据大量的心智资产，虽然这些都是无形资产，但是只要稍加转化，它们就能为企业创造真金白银。占据心智资产就是先胜而后求战，就是赢了再打，反之，没有心智资产，就是战中求胜，风险极大！

二、先有渠道用户后有产品

移动互联网时代，用户的需求难以把握与满足，最有效的方式就是通过预售与封测发动目标用户一起参与研发产品、迭代产品、完善产品。这样做的好处一是降低了企业试错成本，二是通过预售的模式将营销前置而提高资金利用率，甚至可以建立资金池。同时，我们在封测阶段，能够深入人心，将他们想象中的产品按需完成，交给研发生产部门，这样的产品才有根基，才接地气！

三、先有促销模式后有产品

▶ 产品既要做得好，更要卖得好。因为，你认为做得好，不代表市场的认可。因此，我们要先想清楚产品怎么卖，才知道产品应该卖多少钱，最后才知道该生产一款怎样的产品！这样的思考，是与传统营销截然相反的，我们是先站在营销的终点思考，并以这个终点作为起点来进行营销工作。

同样的产品，在不同的渠道，采用的促销模式也不同。例如，品牌方委托化妆品工厂生产10万盒面膜，价格可能是20元/盒；品牌方通过微商或直销模式给到一级代理商，要求一次性进货一万盒面膜，价格可能是40元/盒；一级代理商分销给到二级代理商，要求一次性进货一千盒面膜，价格可能是60元/盒；二级代理商零售给终端顾客，价格可能是99～199元/盒。

假设这个品牌方走的是电商平台,直接面向消费者,那么,他的定价有可能是 39～59 元 / 盒。基于此促销模式,微商与直销渠道的产品定价比电商高出不少,因此,品牌方会想尽一切办法来提高产品的品牌溢价,具体方法有邀请明星代言、增加媒体投放、加入某种高价原料、提升产品包装材料,等等。

四、先有定价策略后有产品

通过以上三点我们可以看到,只有确定心智资产、渠道用户、促销模式、毛利空间之后,我们才能知道产品的定价策略,才能知道基于此预算成本下,产品用什么成分和工艺,以及用什么材料来做包装。

▶ 一切必须从心出发,从潜意识出发,潜意识营销才是超级营销。营销之前先定位,定位之前先定心,营销战略规划如同扣扣子一般,如果第一粒扣子扣错了,结果会怎么样?

▶ **案例 8:向金庸、二月河、斯坦·李学个人定位**

2018 年是英雄谢幕的一年,武侠小说之父金庸走了,帝王小说之父二月河走了,漫威英雄之父斯坦·李也走了。从此,江湖没了金庸,皇宫没了二月河,宇宙没了斯坦·李。

开练：潜意识营销才是超级营销

金庸，原名查良镛，香港四大才子之一，1924年出生在浙江嘉兴，1940年移居香港。查家是一个大世家，在清代被誉为"一门七进士，叔侄五翰林"，金庸之所以有如此强大的创作能力，是因为他受祖父影响，从小就酷爱读《资治通鉴》、"二十五史"等。而金庸的父亲查枢卿在金庸年幼时，每天将武侠小说《荒江女侠》剪存给他看，令他对武侠小说产生浓厚兴趣，后来主动追看《水浒传》和《七侠五义》等著作，为日后创作武侠小说打下坚实的根基。1959年金庸创立《明报》，为了添补版面，他开始写武侠小说。金庸共著有15部武侠小说，用其首字联成对联为"飞雪连天射白鹿，笑书神侠倚碧鸳"。

二月河，原名凌解放，1945年生于山西昔阳。二月河小学留一级、初中留一级、高中留一级，直到21岁才高中毕业，可见他的天赋并不高。但他爱书如命，曾借得一本《聊斋志异》，因为要急着还，他连夜抄了半本。他从未想过要当作家，纯粹只是热爱文学而已。一次红学交流会上，37岁的他决定写《康熙大帝》。提及二月河创作的艰辛，他身边的朋友说，古有头悬梁、锥刺股，今有二月河烟炙腕，每当深夜实在犯瞌睡时，他就用烟头烫自己的手腕，如今是一手的伤痕。功夫不负有心人，其笔下500万字"帝王系列"小说，《康熙大帝》《雍正皇帝》《乾隆皇帝》三部作品一经面世，便被世人追捧，2006年以1200万元版税，成为当年中国作家收入第二名。

斯坦·李1922年出生于美国纽约，被誉为漫威之父。1941年，斯坦·李生平第一部作品问世，它就是《美国队长》系列漫画的第三部。1961 年在杰克·科比的协助下，斯坦·李创作了《神奇四侠》《蜘蛛侠》《钢铁侠》《雷神托尔》《绿巨人》《Ｘ战警》《奇异博士》《超胆侠》等漫画角色。1998 年，斯坦·李离开了漫威公司，开始创业。2011 年，88 岁的斯坦·李留名好莱坞星光大道。

移动互联网时代，内容极其过剩，极度混乱。然而，就是这样的一个年代，他们三位生产的内容却影响了一代又一代人。提到武侠小说就会想到金庸，提到帝王小说就会想到二月河，提到漫威英雄就会想到斯坦·李。由此可见，企业需要定位，个人更需要定位。

▶ 不过，定位之前先定心，心不定，位何以定？

金庸最热爱的是武侠，二月河最热爱的是小说，斯坦·李最热爱的是漫画，他们只是在做自己最热爱的事情，定下心来一做就是数十年。假设，金庸中途去写帝王小说，二月河中途去写宇宙，斯坦·李从事武侠创作，结果会怎样？

是兔子就去比跑步，是乌龟就去比游泳

▶ 商业竞争的底层逻辑不是强者必胜，而是胜者必强。潜意识营销的首要工作，就是搞清楚自己是兔子还是乌龟。是兔子就去和别人比跑步，是乌龟就去比游泳。其根本逻辑就是以强打弱、以多打少、赢了再打，这就是丛林法则，强者为尊。

开练：潜意识营销才是超级营销

大多数人只知道世界第一高峰是珠穆朗玛峰，却不知道第二高峰是什么；知道世界第一长河是尼罗河，却不知道第二长河是哪一条；知道世界上捏寿司最厉害的是小野二郎，却不知道第二厉害的是谁；知道世界上打高尔夫最厉害的是泰格·伍兹，却不知道第二厉害的是谁。

找到并坚持超级词语，是聚焦第一、成为第一、保持第一最简单的办法。反之，如果你模糊了这个超级词语，企业与个人的发展必然会受到巨大的冲击。

凡事定心可成，分心必败；聚焦可成，散焦必败。比如长虹手机、红塔山地板、娃哈哈童装、王老吉固元粥，这些品牌虽然很强大，但是延伸到不同的品类就会变得非常虚弱。有很多人会购买茅台白酒，却很少有人购买茅台红酒；有很多人会购买霸王洗发水，却很少有人购买霸王凉茶。因此，一个品牌最重要的事情就是聚焦一个超级词语，聚焦一个超级品类。如果做不到数一数二，就难有发展和未来。

当然，过度聚焦也会导致故步自封、不思进取、错失机遇，在新的机会来临时，最佳办法不是延伸原有品牌进入新的品类，而是启用新品牌，一个品类对应一个品牌。

▶ 开练决定实力，实力决定成败。是兔子就去比跑步，是乌龟就去比游泳。商场如战场，竞争不可避免。你拿块石头砸鸡蛋，鸡蛋会碎。换个方式，拿个鸡蛋去砸石头，结果，鸡蛋还是会碎。

因此，赢得商业竞争的前提在于找到一个系统或品类，你的身份是石头，就够了！

▶ 案例9：长城汽车借助品类战略实现全面逆袭

2018年5月11日，由火种定位学会主办的首届"中国定位日"高峰论坛在深圳开幕。我和团队成员受邀参加盛会，有幸结识了克里夫商学院（"定位之父"艾·里斯先生独家授权）的李亮院长，并听其分享了长城汽车品类战略的案例剖析。

李亮院长曾受邀在吴晓波频道、知乎私家课等新媒体上开设"艾·里斯定位课"音频课程，收听人次超过100万。他是一位穿着得体、口才出众的青年才俊。结合李亮先生的分享以及第三方公布的数据，我们可以看到品类战略在实践中的巨大威力。

长城汽车最开始主打的是皮卡汽车，在1998年做到了国内销量第一。全国皮卡市场的总数约为33万台，长城一家就占据了32%的市场份额，后来长城选择了品类延伸，进入了轿车、SUV、MPV多个品类。这样"一脚踏多船"的策略并未取得预期效果。

2008年，据长城汽车历年年报显示，长城汽车销售额为82.11亿元人民币，共销售12万辆汽车，在汽车行业属于中小企业，其

开练：潜意识营销才是超级营销

核心产品销售额下降了 15%，股东税后利润下滑 45.3%，但其主要竞争对手吉利、比亚迪、奇瑞的销售业绩都在高速增长。

里斯中国公司在进行大量的心智调研，以及研究汽车品类的分化趋势后，建议长城汽车聚焦子品牌哈弗，并将所有火力聚焦于 SUV 一个品类，将其定位于 SUV 领导者。长城汽车采纳了里斯中国的建议，整合企业内外部资源，砍掉 MPV、工程车，收缩轿车业务战线，弱化企业品牌，强化哈弗独立品牌，并强势打造核心单品 H6，进行了大量的定位式公关活动。2009—2013 年，长城的投入带来了丰厚的回报，净利润五年增长 7 倍，市值增长 70 倍，其净利润率甚至超过法拉利成为全球最盈利的车企。之后，短短的八年时间，其销售额就从 80 亿元猛增至 986 亿元，2016 年，其净利润达 105.51 亿元。

长城汽车董事长魏建军公开表示，企业对品类的选择决定成败，只有聚焦才是先进的模式。当其他企业在品类上做加法的时候，长城汽车一直在做减法，聚焦到哈弗和 WEY 两个品牌当中。美国汽车业衰落的原因在于企业模式大而全。其实，在中国也有类似现象，不单有大而全，还有小而全，因为力量过于分散，这样的品牌往往是很虚弱的，没有什么竞争优势，而且利润空间也是非常小的。因此，正确的做法是选择一个自己的身份是石头的品类就够了！

第一，就是影响集体潜意识的最高能量

恩师说凡事聚焦可成，散焦必败，定心可成，分心必败。恩师天天说，月月说，年年说，惭愧的是，我却经常分心，也经常散焦——与人性做斗争太不容易了。

特劳特先生创立了定位理论，这是有史以来对美国影响最大的理论，对我的影响也非常大。2017年特劳特先生驾鹤西去，指定邓德隆先生为全球特劳特咨询集团总裁。世界上总有一些人、一些事，无论你如何努力，也永远不及他的万分之一，但我是一个不服输的人。

潜意识营销就是不断重复！来，再次回顾，你想主打的是_____（超级词语）+ 你是_____（超级品类）。有些时候，即便你这样做了也并不能成为第一品牌，那该怎么办呢？你可以进一步聚焦！

NLP首创于1970年的美国，在国内被翻译为"神经语言程序学"，其中有一项技术被称为"理解层次贯通法"，我常用于催眠干预，非常见效！这项技术能够快速干预个案的认知与行为，最终影响结果，我将其简化为：系统→身份→思维→行为→结果。

这个公式也可以应用于潜意识营销领域，我们可以将系统理解为品类，在一个品类中拥有什么样的身份，就会有什么样的资源与结果，打造个人品牌与企业品牌，营销就是想尽办法占据这个品类的"第一"的身份。

如果做不到，就加一个前缀词，在＿＿＿＿＿国／省／市／区，你主打的是＿＿＿＿＿（超级词语）＋你是＿＿＿＿＿（超级品类）的第一品牌。当然，按最新的《广告法》规定，是不能够使用极限词语的，这里的"第一品牌"指的是内部战略计划，而非外部宣传广告，本章讨论的是潜意识营销战略，至于广告创意，后面的章节中有专门的讨论。

例如，如果你做不到中国第一包装设计专家，就进一步聚焦为广东省第一包装设计专家，如果还不行，就再聚焦为广州市第一包装设计专家，如果还不行，就再进一步聚焦为天河区第一包装设计

第二章　潜意识营销的六大步骤

专家，这就是聚焦的力量。太阳的能量虽然很强，却无法像激光一样切割钢铁，那是因为激光懂得聚焦。全球第一 CEO 杰克·韦尔奇将事业部由 153 家减为 12 家，凡是不能做到数一数二的都将转让、出售、关闭，正是这样的壮士断腕才成就了通用集团的复苏。

国是千万家，家是最小国。父亲有父亲的身份，儿子有儿子的身份。家庭的第一身份就是一家之主，如果你拥有一家之主的身份，你就能够在这个系统里掌握一切权利。假如一对父子正在对话，很有可能儿子说的每一件事情都是正确的，但是，他的父亲不和他讲道理而讲伦理，说："咱俩到底谁是爸？到底听谁的？"你觉得结果会怎么样呢？

不用想，绝大部分的情况下儿子肯定是听父亲的，因为，身份起了作用。身份就是命令，身份就是权利，身份就是影响集体潜意识的最高能量！再例如，在部队里，将军下达命令，要求"进攻"！哪怕前面是刀山火海地雷阵，请问，将军下面的军官、士兵会怎么做？他们唯一能做的就是——服从命令！

条条大路通罗马，所以，最好不要去罗马。只有在一个系统里拥有第一身份，才会有足够的权利调动整个系统资源。因此，营销的本质，就是争当某个系统的第一，在一个品类里如果你当不了头牌，就会变成杂牌，就会失去对组织的控制权。这就是潜意识营销的底层逻辑与核心思想，也是传承了亿万年的集体潜意识。很多时候，只有人重要了，说的话才重要，办的事才重要！

因此，潜意识营销的第二步，就是选择一个能够拥有第一身份的系统，这才是不战而胜的秘密所在。你只需要确保，在一个系统里你的身份是石头，就够了！商业史已经无数次证明，第一，就是影响集体潜意识的最高能量！

▶ 案例10：58速运为何更名为快狗打车

2016年10月，通过1000多个创业项目的层层PK，睡眠先生项目成功入孵58一期训练营，而我有幸成为第一期训练营的营长，陈小华先生则是我的创业导师，他有着IT工程师的显著标签：T恤衫、运动鞋、黑框眼镜，一脸的笑。（左二）

开营的时候，时任58到家CEO的陈小华先生还语重心长地对

我们 10 个项目方负责人说，创业最重要的是选择赛道，赛道没有选择对努力基本白费。当时正处于 O2O 项目的泡沫破裂期，我想陈小华先生说这段话想必是经过深思熟虑的吧。

2018 年 8 月，58 速运正式更名为快狗打车。这是一个拉货的打车平台，致力于随时随地为用户提供拉货、搬家、运东西等短途货运及交易服务。这个更名动作瞬间引爆了营销战略圈。很多营销专家并不看好这个名字与定位，首先，大众对打车的认知是"拉人"而非"拉货"，用户已有认知难以改变；其次，"快马""飞象"等品牌名比"快狗"更符合拉货的认知；再次，其广告语和信任状也乏善可陈，把 58 速运的背书都丢掉了。

为此，我咨询了特劳特首席咨询师李湘群先生，他发来长文介绍了更名的理由和好处。首先，为何要更名？快狗打车的前身是 58 速运。"58"已经被感知，代表了分类信息网站。如果是 B 端的货运调度平台，那名字没问题，但 C 端用户这类客群太广，只能通过广普的品牌宣传，来抵达他们。如果继续沿用"58 速运"，C 端用户会以为是 58 下面的货运公司，根本不会理会你，更不要说用你。这样的话，整个 C 端战略就会受阻，所以必须改名。

其次，为何改为"快狗打车"这个名字？在信息爆炸的时代，企业跟用户的维系其实是千钧一发的关系，再强大的、重如千钧的企业，在用户头脑中也只是一根头发丝那么细，而企业的名称就是那根头发。只有你的名字叫天猫、瓜子、支付宝，才有可能将"发丝"变为"钢丝"。好的名字，必须符合一个条件，那就是，说一次用户就能记住。特劳特跟陈小华先生花了几个月，挑了几百个名字，最后选了"快狗打车"这个名字。

在我看来，将快狗定位为一个"拉货的打车平台"，首先就从58众多子公司当中"跳"了出来，从这一点来看，肯定是成功的，不然在58这个大系统当中，58速运的影响力将会极其有限。

同时，定位"拉货的打车平台"相当于创造了一个新的超级品类，作为品类的开创者，就取得了第一的身份，并与货拉拉等一众对手区别开来，摆脱了物流公司的标签，从货运切入大出行系统，本身就是一次战略和赛道的升级。最终不管结局如何，我们都祝陈小华先生实现自己的英雄梦，创造新的神奇！

潜意识营销第三步：三大创意

潜意识营销才是超级营销，从某个角度来看，潜意识营销就是为了对抗遗忘。因此，我们要不断地刺激受众的记忆，不是好"记"，而是好"忆"，让受众能够轻松地回忆。影响集体潜意识最有效的办法，就是激活"传承记忆"。传承记忆就是代代相传的民俗与价值观，只要我们能够激活每个人潜意识里的传承记忆，我们就能影响人心。

第二章 潜意识营销的六大步骤

心理学大师丹尼尔·卡尼曼与罗伯特·西奥迪尼都谈及联想的重要性，但是，我在实践中发现，只有激活记忆，才会创造联想，如果没有记忆，就不会有联想。因此，思考再三，我并没有人云亦云地提出"激活联想"，而是选择了坚持自己的观点。在我看来，"记"就是输入，"忆"就是提取，就是联想。事实上，我们的非理性和偏见与生俱来。我在大学一年级时读到了"影响力教父"罗伯特·西奥迪尼的代表作《影响力》，这本书开篇便讲了一个令我终生难忘的故事。

雌火鸡充满关爱、警惕性高，全心全意地保护着小宝宝，它们是很合格的母亲。但这母爱是靠一样东西触发的，那就是小火鸡的"叽叽"声。因此，动物学家做了一个试验，他在一个臭鼬玩具里装了一台小型录音机，按下播放按钮之后，磁带播放小火鸡们发出的"叽叽"声，结果雌火鸡拥抱了自己的天敌，却虐待甚至害死了自己的宝宝，仅仅是因为小火鸡们没有发出"叽叽"的叫声。

神经语言程序学提及，人的潜意识就像以某种方式编程的计算机一样处理数据，发出指令。火鸡妈妈的行为现象也存在于人类，磁带或CD可以是先天的条件反射，也可以是后天的刻意植入，如下图所示，只要按下超级按钮，相应的记忆与行为就会被激活，而这个超级按钮就是个人品牌或企业品牌的超级词语或超级特征。

▶ 不过,先后有别。我们必须先有成为第一的营销战略,才能绕过意识盾,与受众的潜意识进行沟通与说服,在受众的潜意识中成为某个品类数一数二的品牌。反之,按钮再强大也没有多大意义。这一点,正是大多数潜意识类、催眠类、洗脑类、创意类营销图书的通病——缺乏有效的营销战略作为指导。

我在前言中提及,打造个人品牌与企业品牌,战略长期有效,创意短期有效;战略为根,创意为花,本末不能倒置;战略指导创意,先有战略后有创意,而不是先有创意后有战略。在展开内容前,我想重点谈一谈创意的三大误区!

误区一:创意的主体是符号

创意的主体可以是某个符号,可以是某个词语,可以是某个概念，也可以是某个 IP、某个颜色，甚至是某个元素。凡是能够与受众潜意识沟通的载体都可以用作创意，而不是所谓的符号即创意。此外，创意的主体应该是定位而非符号，创意应当为品牌战略服务，通过创意来强化品牌的定位与认知。

误区二：创意就是要创新求异

百科对"创意"一词的定义是创造意识或创新意识的简称，基于这样的定义，追求耳目一新、与众不同是大多数创意人的目的，强调创意贵在创新求异。我的观点却恰恰相反，我认为最有效的创意不在创新，而在创旧。

营销的终点在心不在智，所以，创意的终点也是一样的。创意比的不是入眼，也不是入脑，比的是入心入魂，因此，我们并不是要创造一个新的意思强行塞入用户的潜意识，实际上这是要花大价钱的，也是很难办到的。创意的终点在心不在智，在潜意识不在意识。

▶ 正确的办法是"关联记忆、创造记忆"，通过一个"人人心中有，他人案上无"的概念来引爆人类的集体潜意识。因此，我对创意的定义是"关联潜意识已有的认知与记忆，进行创造与创新"。

误区三：创意的目的就是获得注意力与二次传播

如果没有战略作为指导，创意大多数是没有意义的口号。创意并不单单是通过冲击力、原创性、关联性来获取用户的注意力，而是基于品牌的超级品类与超级词语来进行创意表达，其目的是成为受众潜意识当中某个品类的头牌，成为品类的代表与第一选择。在此基础之上，我们再考虑通过创意获得受众的认可与二次传播。

简言之，没有品牌战略指导的创意就是耍流氓，没有品类思维的创意就是耍流氓，没有定位思维的创意就是耍流氓。

命名，就是第一创意

我们确定潜意识营销战略规划后，就会进入到命名、设计、包装等品牌创意阶段，站在心理学角度来看，在这个阶段最重要的技术不是创新而是创旧，通过关联受众潜意识中一个已有的概念、符号、原型或IP，将其移植到品牌当中去，品牌瞬间就能聚集人类集体潜意识的势能，并与目标受众产生强大的心灵共鸣。

▶ 我认为打造个人与企业品牌最常用的三招是命名、形象设计与产品包装三大创意，这就是我常说、常用的潜意识营销红色播放按钮。其中，命名居所有创意之首，取一个超级品牌名往往一经推出就能深入人心，如同播放按钮一样，激活人们潜意识当中的磁带或CD。

第二章 潜意识营销的六大步骤

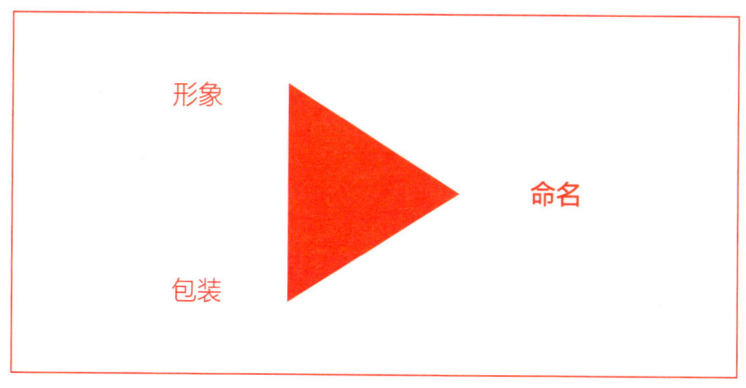

恩师 1984 年于华师大中文系硕士研究生毕业，是中国商用语言学泰斗，他十分强调命名的重要性，他常说，不怕生错命，就怕起错名。名字，是一个人最强的潜意识营销与自我暗示，所以，我认为这是第一潜意识营销法则。

来，我们看看有哪些明星改过名字：王建刚→汪涵，欧汉声→欧弟，李振藩→李小龙，陈港生→成龙，关家慧→关之琳，张发宗→张国荣，李正东→李连杰，何加男→梅艳芳，陈喆→琼瑶……我曾问汪涵为啥要改名，是因为十滴水吗？他说："是的，主要是好记。"

营销高手们都知道，占领人心最为有效的办法就是命名。每个人的名字，都是打造个人 IP 的核心资产，可惜的是，大家对这一块的认识仍然很不充分。因为，人的名字在社交场合中使用频率最多，使用范围最广，在营销领域，你可以看到许多公司的品牌名就是创始人的名字或姓氏，例如特劳特、里斯、麦肯锡，中国的叶茂中、李光斗、华与华，等等，这些前辈无疑是最精通营销学知识的，他们之所以用自己的名字或姓氏来命名公司，是因为这样做能够让所有人听到、看到、感觉到、议论到的是同一个词、同一个记忆碎片。

你现在或许已经意识到名字的重要性了，但是，你又不愿意因为改名字和父母吵上一架，毕竟，你的命名权在父母手上，而且，去户籍处改名也特别麻烦，这里有几个方法能够帮到你。

一、主动命名：为自己取一个品牌名

绝大多数的父母在给小孩取名时，无外乎受三个方面的影响，一是父母的美好祝福，如张强、李勇、王伟、赵刚等；二是受当时主流文化的影响，如唐国强、孔国庆；三就是论字排辈，如岳云鹏、李云天、李云杰、孔云龙等。

父母不确定你长大以后要从事什么工作，要成为哪个行业的头牌，所以，他们取的名字往往没有指向性与差异性。因此，我们要抛开身份证、户口本、驾驶证上面的证件名，为自己取一个品牌名，诸如早期的笔名，三毛、金庸、古龙、琼瑶等。

第二章 潜意识营销的六大步骤

▶ 潜意识营销才是超级营销,个人品牌与企业品牌一样,都可以运用激活记忆技术来取名:

1. 通过自身特点来取名,例如:罗胖子、谢光头、八指头陀。

2. 移植有心智资产的概念来取名,例如:东阿阿胶、五粮液、曹操专车、柳宗元异蛇酒、捕蛇者说异蛇酒。

3. 移植大家需要的品类来取名,例如:杨众筹、厉股份、吴市场、股神巴菲特、策神汪涵、情歌王子张信哲、铁肺歌后邓紫棋。随着品牌名越来越多,潜意识也会产生新的混乱,这个时候,我们最好一步到位,通过自己的名字来占据某个超级品类,从而成为品类的头牌,但我不鼓励大家以"××哥"的方式来命名,例如神秘哥、内衣哥、面膜哥,这样的命名确实太LOW了,而且极易被模仿,搞不好,喊一声"面膜哥","嗖"地一下站出五个彪形大汉。

前不久,我的弟弟唐正计划回老家永州创业,恰好他的岳父从事酒类销售多年,尤其是对保健酒及药酒行业有非常深入的研究,每年都会制作一批异蛇酒送人,他觉得永州的异蛇酒有着数千年的历史,如果能够将永州的异蛇酒发扬光大就好了。

为了支持他们回家创业,打造永州城市名片,我申请了一个品牌名称叫作"捕蛇者说"并成功申请到了国家注册商标,唐正对这个品牌爱不释手,觉得它是个无价之宝,一定能够成为一个伟大的品牌。

原因很简单,初中语文教材中有一篇文章叫作《捕蛇者说》,是唐宋八大家之一柳宗元所写,文中记载:"永州之野产异蛇:黑质而白章,触草木尽死;以啮人,无御之者。然得而腊之以为饵,可以已大风、挛踠、瘘疠,去死肌,杀三虫。其始太医以王命聚之,岁赋其二。"译成白话文是指:永州的野外(今零陵地区)出产一种奇异的蛇:它有着黑色的质地白色的花纹,如果这种蛇碰到草木,草木全都干枯而死;如果蛇咬了人,没有能够抵挡蛇毒的办法。然而捉到后把它晾干,用来做成药饵,可以用来治愈麻风、手脚拳曲、脖肿、恶疮,去除坏死的肌肉,杀死人体内的寄生虫。起初,太医用皇帝的命令征集这种蛇,每年两次。

大家试想一下,如果你注册一个新的品牌名称,请问,让全中国的人都知道并记住这个品牌的名称和故事,并产生信任感,这个广告得花多少钱?我估计1个亿都做不到!现在,全中国大多数的保健酒品牌,又有几个品牌能够像"捕蛇者说"一样深入人心,有一个传承千年、令人信服的品牌故事呢?

一个伟大的创意,就能激活人们的传承记忆,就能唤醒人们的集体潜意识,就能获得一笔价值连城的心智资产,吸引到政府的扶持,吸引到风投的加入,吸引到渠道的加盟,实现不战而胜!赢了再打!

通过一个好的名字来赢得人心,并不是现代人发明的营销技术,其实,古代早已有之,刘备正是移植了皇叔这样的超级身份

第二章 潜意识营销的六大步骤

从而逆天改运，得到了无数英雄豪杰的追随，假如没有"刘皇叔"这样的一个金字招牌，或者这样的品牌名没有得到有效传播，我估计在那样一个兵荒马乱的年代，刘备先生靠卖草鞋养家糊口都会很困难。命名，既是身份的力量，也是血统的力量，更是人心的力量！

究竟是英雄造时势，还是时势造英雄呢？在我看来，各有一半，互不矛盾！

基于你专注的品类是_____，你的品牌名是_____。一个合适的品牌名不仅能够激励自己，同时，也能暗示你的潜在顾客，不断地为你创造商业机会。因为，自古以来，名正才能言顺，言顺才能事成。

▶ 通过测试，我发现许多读者对名字好记的重要性还不够重视，也没有强烈的改名欲望，这说明大家往往容易以自我为中心地思考个人品牌推广问题，并不知道普通人每天受到的信息干扰有多大。你觉得自己的名字会比对方的微信、微博、银行卡密码重要吗？想一想，有多少人会忘记自己的账号和密码！

长远来看，一个有价值的品牌名会占据你一生收入的20%以上，换算一下，仅以七年七套房的目标来计算，一个正确的品牌名至少值1.4套房子。

二、被动命名：被贴标签

人类的本能是将陌生的信息与熟悉的信息进行"关联 + 想象"，因为只有这样，大脑才会更轻松地完成记忆任务，那么，如果你不给自己取个好的品牌名，就会被别人贴标签、送外号。

南帝段智兴、北丐洪七公、中神通王重阳，这样的外号还是蛮有调性的，估计他们还是挺受用的。但是，东邪黄药师、西毒欧阳锋未必会接受这样的"艺名"。因此，与其被别人取外号、贴标签，还不如自己来取一个更响亮大气的名字，先入为主、深入人心。

三、先问百度，后问谷歌

▶ 我在给儿女们取名字时，都会先百度或谷歌搜索一下，看是否能够在首屏出现，如果不能出现在首屏，我就会继续想其他的名字。我之所以这样做，是因为移动互联网时代，占据搜索首屏就等于占据流量！命名，就是第一创意，一定要引起高度重视！

▶ **案例 11：江南春谈江南春的命名之道**

不管是打造个人品牌还是企业品牌，自古以来，名不正则言不顺，言不顺则事不成。在品牌营销与推广当中，包装与产品固然重要，但是更重要的却是命名。

2018年，在中国投资年会上，分众传媒董事长江南春在演说时提道："我成功主要靠我妈妈取的名字好，后天努力根本不重要！"他说在中国企业当中，凡是能够做大做强的企业，都有一个非常好的名字，要么是非常爽口，比如小米、苹果等食物类命名，比如360、58等数字类命名，比如滴滴、陌陌等叠音类命名，还有他没有提到的天猫、宝马、红牛等动物类命名。江南春认为名字取得好，优势就会非常明显，因为这些公司的传播成本比其他公司低。

有网友质疑说："春哥，吹牛不打草稿。"外行看热闹、内行看门道。我觉得，江南春不愧是一位精通潜意识营销的高手，他敏锐地发现了品牌营销的牛鼻子就是取一个正确的品牌名，身处一个信息爆炸的时代，取一个好的名字不一定能够创业成功，但是，一个差的名字将会大概率导致创业失败，因为它的记忆成本、传播成本、营销成本都会成倍增加！这绝不是危言耸听！

BMW最初并不叫宝马，而被音译为巴依尔。1992年左右，巴依尔更名为宝马，这次更名可以说是BMW最重要的一次战略决策，因为改名之后，让消费者的意识盾减弱了许多，档次马上拉高了好几个级别，大多数消费者一提到宝马就会联想到汗血宝马、日行千里，这一下子就拉动了宝马汽车在国内的整体销量，也为之后BBA

的三足鼎立打下了坚实的群众基础。

1916年，工程师马克斯·佛里茨与卡尔·拉普在德国慕尼黑创建了巴依尔飞机公司。1917年公司改名为"Bayerische Motoren Werke AG"，即巴伐利亚发动机制造厂，简称BMW。1989年，一家香港公司在国内代理BMW汽车，当时被港人称为"巴依尔"，直到1992年，宝马在北京成立分公司，才将BMW正式简化并命名为宝马。之后，宝马汽车在国内销量突飞猛进，在2000年的时候已经与奔驰汽车并驾齐驱。

巴依尔如果不更名的话，结果会怎样？

潜意识营销才是超级营销，如果你或公司的品牌名无法达到易读、易懂、易记、易传这四个标准，通常营销战略高手都会建议长痛不如短痛，直接更名！

个人形象设计，就是第二创意

恩师年轻时，结交了一个帽子大师。某日，帽子大师出去讲课，因为天气太热，把帽子摘了下来，顿时，台下一片哗然。"你不是帽子大师，你是假冒的。"有人借机起哄，台下哄然大笑。原来，戴帽多年，众人只认帽子不认人。其实，帽子大师一直在用帽子做潜意识营销，而大家却毫不知情。

第二章 潜意识营销的六大步骤

除了名字之外,个人的形象设计就是潜意识营销的第二关键,也是最大的超级自媒体,拥有极为重要的先发影响力,能够在各种社交场合与社交软件当中,掌握人们的注意力与联想,却往往最容易被人忽视。

品牌传播属于社会心理学范畴,从事心理学研究多年,我非常清楚地知道左脑和右脑的不同与分工,左脑偏理性、语言、组织逻辑与行为,右脑偏识别图形、感性。文字需要转化成语言,视觉则直接传达,文字识别的速度没有视觉识别快。

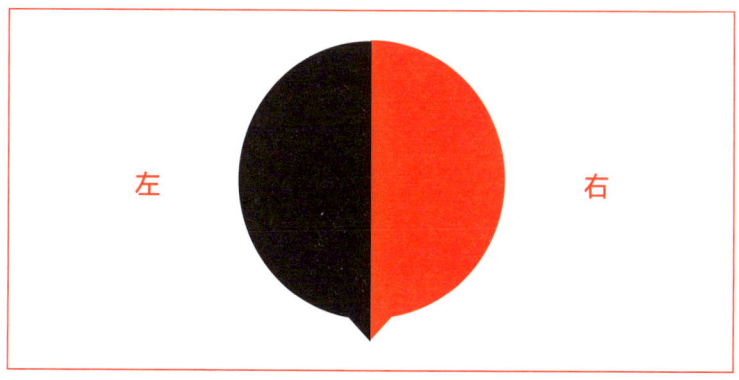

在视觉竞争过程中,我们发现颜色传播的速度优于形状,形状传播的速度优于材质。1973 年,心理学教授莱昂内尔·斯坦丁做了一项调查研究。他请研究对象在五天之内看了 10000 张图片,每张图片展示四秒钟。之后,在向研究对象展示成组的图片时,其中一张是他们见过的，另一张是他们没有见过的，他们能记住之前看到过的 70% 的图片。试想，如果将 10000 张图片换成 10000 句广告口号，结果会怎么样？

我猜能够记住 30% 就已经非常不错了。视觉设计的主要作用是加深语言的传播速度与记忆深度。早期，牧民为了更方便地交易牛羊，会用烧红的烙铁将自己的名字或某个记号印在牛羊身上用以区分，现在，我们可以理解为视觉设计就是要在顾客的潜意识里留下烙印。

▶ 如今我们已经进入"卖图"时代，朋友圈、微信、微博都是通过一张图来展示你的工作与生活，通过一张图在人们的心里留下第一印象，因此，我们可以通过形象设计来获得个人品牌的先发优势，在视觉竞争中轻松胜出。

爱因斯坦的爆炸头、乔布斯不分场合的 T 恤和牛仔裤，已成为他们个人的独有名片。这种打造个人形象的方法现在也正在被很多人模仿，如小米雷军的斜分发型、王家卫的墨镜，等等。只要你足够自信，你也可以走自己的风格路线。潮流易逝，风格永存！从潜意识营销角度来看，风格比好看更重要！个人形象设计，就是第二创意，花点时间与心思来设计你的个人形象吧！

▶ 案例 12：董明珠打造个人 IP 的方法，其实你不懂

2015 年年末，我投资的某个子项目参加广东省知识产权创新创业大赛，从全省 1000 多个项目中脱颖而出，杀进全广东省前 10 名。评委是广东省知识产权局局长马宪民先生，创业导师是董明珠老师。董明珠老师建议我们做大健康方面的超级 IP，我没听懂，问什么是 IP。创业导师商存海进一步解释说：IP 就是知识产权。毫无疑问，董明珠老师非常擅长打造个人 IP。

虽然和董明珠老师接触的时间很短，但是她给我留下的印象却十分深刻。近距离接触过董明珠老师的人，往往会发现她有着

开练：潜意识营销才是超级营销

非常鲜明的潜意识特征，恰恰是这种反传统的"硬姐风"，赢得了无数女性粉丝的拥护。我的合作方某集团总裁也是一名女性，她是董明珠老师的超级粉丝，请我一定要帮她要一张董明珠老师的签名，说这就是我本月的KPI指标！通过这样一个玩笑，我们可以看出董明珠老师在她的粉丝心中的地位。正是因为她的特立独行，因为她有舍我其谁的价值观，才会有了后来和小米雷军的"10亿巨赌事件"。

除了潜意识鲜明的标签之外，个人的形象包装也至关重要。"99张自拍照"事件引发热议，董明珠老师说："格力做手机，开机画面必须是我。"很明显，这是品牌方有意而为之的公关手段，"# 开机画面必须是我 #""# 预设99张照片不能删 #"等话题持续成为微博热搜，成功让格力手机赢得了市场的关注，且不说最终格力手机卖得怎么样，至少，宣传工作是非常到位的，你可以看到所有自拍照都是同一个造型、同一个发型、同样风格的着装。由此，也可以反证，没有潜意识营销战略作指导，营销创意与广告宣传再成功也等于0！

潜意识营销才是超级营销，对于打造个人IP而言，着装风格这件事情非常关键。产品需要好的包装，人也需要好的衣装。那么，什么是好的衣装呢？

在我看来，得体且有固定的风格最为关键。不在于衣服有多贵，剪裁有多好，穿上有多漂亮，而在于找到自己适合的着装风格。对于男性来说，不管你是穿 Hugo Boss、Armani、LV，还是其他品牌的衣服，最重要的是形成自己的独有风格，要在自己独特的风格上建立联想。

比如一说起费玉清你就会想起他的西装，比如一说起时尚界的老佛爷——卡尔·拉格斐，你就会想到那个整天戴着方形墨镜的白发老头。如果你觉得老佛爷太正式，作为职场新人无法负担起这三件套，我还可以给你另一个建议——极简风格！

乔布斯和老佛爷一样，每次苹果发布会，你都可以看到他的着装三宝：黑色高领长袖毛衣 + Levi's 501 款牛仔裤 + 灰色 New Balance 991 球鞋。从 1997 年直到去世，他一直这样穿，这种穿衣哲学影响了扎克伯格和"雷布斯"。

不管是董明珠老师还是老佛爷，他们都将自己的独特形象植入了人们的潜意识当中，拥有一个鲜明的个人形象，让人听到、看到、感受到的是同一个形象。一闭上眼睛，就会浮现出来。相比普通人而言，董明珠老师已经实现了人生的逆袭，其个人 IP 打造值得我们学习与借鉴。

打造个人 IP 从某个角度来看就是打造超级个人品牌！就是打造超级影响力！相比打造企业品牌而言，成本更低，效果更好，毕竟，品牌人格化一定是未来的趋势！

产品包装设计,就是第三创意

如果你既取了一个好名字,也有了自己固定的形象设计,那么,作为一名职场新人,接下来你一定要懂得包装设计的基本原则。只有这样,才能提升你的审美能力与综合营销能力。

一、有效果比好看更重要

移动互联网时代,不仅是货卖一张皮,甚至是货卖一张图,若想通过包装设计促进产品销售,必须实现三个标准:

1. 强化超级词语。
2. 打眼。
3. 能激活记忆。

有些人觉得红罐凉茶设计挺土的,脑白金的包装不怎么样,实际上这是片面的理解,往往真功夫不一定好看,好看的未必是真功夫。判断一个包装设计是不是好的包装设计,一定是要放在货架上,或者是放在其他的包装当中去比较的。你想拿起谁?你会为谁拍照?你会为谁发朋友圈?

二、不在创新在创旧

▶ 潜意识营销才是超级营销,不管是营销战略咨询师还是设计师，都尽量不要创新，要创旧。不要创意，要创忆！要激活人们的记忆！

这种创忆，不是说我们要创造一个新图形、新概念，让别人记住它，而是从人们的记忆当中，直接提取一个词语、一个图形、一个概念来用就可以了。不管是标志还是包装，抑或是辅助图形，我们营销规划的终极目标都是将一个超级词语植入受众的潜意识当中，所以，借用一个已经存在的概念搭个便车会使我们的设计更深入人心，而且成本更低。

不知不觉，我从事营销战略咨询与包装设计工作快 20 年了，许多客户前来咨询时，问得最多的问题是在包装设计时如何与众不同，如何标新立异，如何让人耳目一新。

▶ 哎哟！为了新而新的事，当年我也没少干。但是，真正的高手都在追求"人人心中有，他人案上无"。他人案上无的前提是人人心中有啊！不能只是你脑子里的东西，必须是大家脑子里有的东西才行，这样大家才会一看就明白，一看就购买。

三、尽量采用异形设计

特斯拉在推出电动车 Model X 时有许多创新科技，但只有"鹰翼门"是艾龙·马斯克一个人坚持要配置的。所谓的"鹰翼门"就是在打开车门的时候，车门会像老鹰的翅膀一样高高地举起来，很酷炫也很"骚包",或许你的理性系统觉得这没什么实用性,但是你的感性系统却觉得:哇,太酷了,这就是我要的!

如果没有"鹰翼门",Model X 能不能卖爆还很难说,毕竟你向别人介绍这台车有多少黑科技,别人也看不见啊,他们看到的不过是一辆外观和普通 SUV 没有什么区别却更昂贵的车。同样的道理,苹果手机的一键按钮与触屏式手机当年一经推出也是轰动全球。

四、尽量做字标,不要做图形 + 字标 + 英文

▶ 空间有限,字、图、英文加在一起会显得很小,增加了品牌识别与传播的难度,这一点在名片等小型印刷品上会更明显。毕竟,记住一个信息比记住三个信息更容易些。

▶ 案例 13:潜意识深处的烙印,"怪兽"饮料包装设计

能量饮料,不仅仅是纯粹的饮料,而是可调节人体的功能饮料。近年,"怪兽"能量饮料引发热议,销量直线上升,占全美市场同类产品的 39%,火爆程度与泰国"红牛"不分伯仲。

"怪兽"能量饮料的生产者汉森公司于 1935 年创立,公司起初发展的着力点主要是在加州,创始人罗德尼·萨克斯回忆道:"当

第二章 潜意识营销的六大步骤

年全公司只有12个员工,整个公司一年的销售额仅有1700万美元,可以说出了加州的范围,基本没人知道这家公司!"

刚开始,汉森公司以经济能力较强的女性为主要消费群体,但因为没有特色,缺乏个性,汉森公司的健康饮料被误认为是属于妇女和儿童的饮料,无法在美国上千种饮料品牌中脱颖而出,自然也就无法与行业巨头相抗衡。

潜意识营销才是超级营销,萨克斯深知"变则通"的道理,他坚持汉森公司绝不人云亦云,必须打造自己的特色。萨克斯立即着手,另辟蹊径,将目光投放在18—30岁的男性身上,创造了一个代表着前卫、大胆和cool的全新品牌,也就是现在的"怪兽"(Monster)。

"怪兽"自2002年上市以来,凭借着骇人听闻的名字、独特的"M"形怪物手爪标志以及黑色的罐身包装,一上市,就得到年轻人的青睐,甚至引起了美国饮料行业的业内刊物《饮料文摘》的关注,表示"怪兽"以其独有的包装吸引了大众的注意力——顾客可能对外形的关注远远超过对其口味的考究,并以与"红牛"相当的价格,双倍的容量,而大获成功。由此可以证明,产品包装设计,就是第三创意,它可以将品牌的形象植入人心!

潜意识营销第四步：五步拓客

▶ 凯文·凯利说过："任何创作艺术作品的人，只需拥有1000个铁粉，无论你创造出什么作品，他们都愿意付费购买，你便能生存无忧。"这里的铁粉是指那些愿意驱车数百公里来听你的演讲、来看你的发布会，时刻关注你的最新动态，而且视你的经典语录为座右铭的人。通过我们的实践，一个项目只要能够找到100个铁粉就够了！

如何找到100个红苹果

人生不如意，十之八九。我的情绪也会时常变得压抑和不安，时常也在思考，我选择了自己最擅长的领域，而且极度努力与精进，为什么没有做出如大师兄一般的成绩呢？甚至曾经有一段时间，我特别怨恨大师兄，他当初为什么那么冷漠、无情、见死不救？

我静下心来思考之后才明白，人的成就不单靠自己的努力，更需要别人的支持。不在于你是谁，而在于你和谁在一起。不在于你有多厉害，而在于有多少厉害的人愿意支持你，愿意一直推动着你去发展、去进步。因此，除了要找到自己的天赋之外，还要找到支持自己的粉丝与追随者，尤其是铁粉、死忠粉！

早年，我学催眠的时候教练跟我分享："假传万卷书，真传一句话。"催眠成败的关键不在于催眠师,而在于个案。一个好的催眠师只是非常善于寻找那些"红苹果"而已。他说被催眠的个案分四种类型:

1. 普通人:对催眠师没有什么感觉。纯属路人。
2. 烂苹果:存在一种对立情绪或攻击行为,或假装很热情。
3. 青苹果:他没成熟,虽然他对于催眠师抱有一定的兴趣,但也存在一些质疑。
4. 红苹果:这种人具有安全感而且比较容易接受暗示,其想象力、配合度也非常高。

潜意识营销才是超级营销,一个营销项目成功的关键在于寻找它的铁粉、死忠粉,这类用户有一个共同点,就是对于项目及品牌存在刚性需求,它的使用频率比较高,就是红苹果。以下是不花钱吸引红苹果的几个方法。

一、100个红苹果

工业时代是产品思维、用户思维,而移动互联网时代则必须上升为粉丝思维。有三个具体方法能够帮你找到最初的100个红苹果:

1. 通过强关系进行分享与转介绍,千万不要做感召,强买强卖就会变成烂苹果了。
2. 通过微信群、微博等精准引流,先吸引普通人变成青苹果,进而升级转化为红苹果。

3.通过人民币投票来确定是不是红苹果，不要听他们说什么，而是要看他们做了什么。

二、引发共鸣，建立共情

▶ 潜意识营销并不是一味地输出，而是为了引发共鸣，传播一定要关联受众的需求与已有的想法，要站在信息接收者的角度来思考该如何引发共鸣。我建议企业在创立之初不必关心太多的普通人或青苹果，而应当把所有的焦点全部放在红苹果上面，与他们构建心理共鸣，就是要让他们对你的为人、你的理念、你的梦想产生深刻的认同感，产生共情，之后将会产生移情现象。

三、发动红苹果

毛主席重视群众工作，注重宣传群众、引导群众、发动群众、关心群众、依靠群众，从群众中来，到群众中去，从而得到了广泛群众的真心拥护。这一段话放在现在，就是用户思维，就是发动客户。

我们往往通过优质内容吸引到一定数量的红苹果，就会一对一讨论产品的优劣势及改进方案，其实，很多时候，客户的力量是强大的，也是无穷的。我建议早期用一对一的方式交流，而不是组团讨论，因为组团讨论很难控场，许多人碍于情面不会说出自己的真实想法。

潜意识营销发动客户的具体办法有以下几种：

1. 给目标：建立一个共同的事业或目标。
2. 给荣誉：比如说联合发起人、名誉客户。
3. 给好处：送产品、送礼物、送分红、给特权。
4. 给能量：一起做公益，一起献爱心，通过仪式感来凝聚人心。

好饭怕晚，好女愁嫁。很多项目运营不成功，关键问题就出在渠道建设这一块。自古以来得渠道者得天下，只要你掌控好渠道，找到前100个红苹果，这些用户可以帮助你完善产品、完善概念、完善各种不足，所以营销的关键就在于渠道，在于发现红苹果、吸引红苹果。如果忽视了红苹果，就意味着项目根本没有落地，只是纸上谈兵而已。

▶ 案例14：一贫如洗的凡·高与富可敌国的毕加索

伟大画家凡·高在37岁的时候结束了自己的生命。他一生穷困潦倒，尽管有着900多幅传世之作，生前却只卖了一幅作品，仅400法郎。不得不说，除去他病理的忧郁心态外，贫穷也是促使他如此选择的主要原因。而毕加索则大不一样，不仅留下七万多幅画作，而且留下大量财富，遗产总值超过395亿元人民币。毕加索之所以取得这样的成就，在于他不仅是一个绘画天才，更是一个懂得顺应人心，会讲故事的潜意识营销天才。

一、用故事吸引红苹果

毕加索的每一次画展都是一场故事大会，通过故事让画商产生心理共情与共鸣。在画展上，他会向那些画商仔细讲解他的每一幅作品的创作背景、创作意图以及相关故事，目的就是让他的画作卖出更好的价格。他清楚地明白潜意识的规律，人们对一幅画作的兴趣不仅仅停留在画作本身，更希望了解这幅画作背后的故事，只有这幅画作有了故事才能够深深打动这些画商，他们才愿意为之付出更高的代价。

二、用自媒体吸引红苹果

成名后的毕加索很喜欢用支票支付，即便是小额的生活用品支出也同样如此。究其原因，是毕加索认为他亲笔签名的支票不仅仅是等额的现金，更是一件充满纪念意义的艺术品，往远了看，甚至还大有升值的空间。不得不说，这也是毕加索式的"刷脸"和超级"自媒体"。

他曾为著名的木桐·罗斯柴尔德酒庄设计过酒标，却分文未取，只是接受了一批贴有自己设计的酒标的葡萄酒作为酬劳。在毕加索看来，这批葡萄酒不仅可以自己喝，还可以珍藏。因为上面有自己设计的酒标，所以其未来溢价会更高。从这一点可以看出，深谋远虑的毕加索确实是一个不折不扣的潜意识营销高手。

先卖自己,后卖产品。一个人重要了,那么,他说的话必然重要,办的事也必然重要。凡·高和毕加索都有非凡的绘画天赋,但一个不善言辞,另一个却擅于讲故事吸引粉丝,从而成就了两种截然不同的人生。

对了,你的100个红苹果,在哪?

拓客五步法:达→成→稳→增→盟

潜意识营销的本质就是获取顾客,只有不断地获取顾客,企业才能不断地发展壮大。在17年的大健康渠道招商与新店拓客过程中,我们通过理论结合实践,将拓客的基本流程分为五个步骤,即:达→成→稳→增→盟。

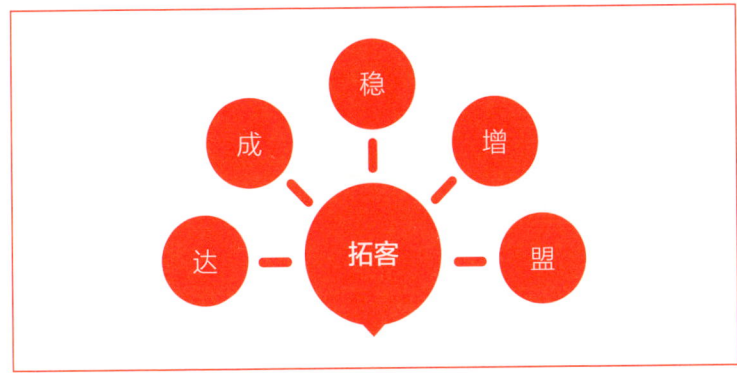

一、到达顾客

到达顾客的前提在于知道潜在顾客是谁,他们在哪,品牌及产品的信息如何有效、精准地传达给潜在顾客。其核心在于媒体选择、渠道选择、建立销售体系三个方面,这里面我们有几个小妙招,供大家参考。

1. 出一本内参或者写一本书

集中展现企业的案例、工具、模型、理念,以及与众不同的方法论和大量干货。这样做的好处在于,编辑这本内参或出版物时,企业对内会做大量的复盘与总结,对外则掌握了更多的第一手行业信息,相当于一个深度思考与学习的过程。

其次,大量优质的内容可以直接同步到各类新媒体,甚至有些专业期刊也会邀请开设专栏。与此同时,可以在业内会通过供应链资源广泛散发这本内参,进行品牌公关传播。后续还可以组织读书会、推荐会等线下活动,通过线下活动制造话题与内容,形成二次传播与裂变。

2. 做一堂专业课程

▶ 如果有了一本行业内参作为基础,那么,再来做一堂专业课程就会变得相当容易。课程可以分为免费公开课和收费的进阶课程。其中，公开课程最好控制在60分钟以内，PPT的数量在10页以内为佳。收费的课程控制在三天两晚或两天一晚为宜。

3. 参加行业活动

俗称混圈。一般来说，每个行业都有相应的圈子与峰会，例如食品行业的糖酒会、美妆行业的美博会、医疗行业的推介会，或是小圈子里的分享会、沙龙。这个时候，内参就会发挥其巨大的价值了。一张传单折页，人们接过之后便会随手一扔。但是，一本颇有"分量"的内参，大家都会视如珍宝，因为，中国人从小的认知便是"书中自有黄金层，书中自有颜如玉"，因此你在行业的江湖地位，随着"混圈+内参"就树立起来了。

4. 移动互联网营销

在互联网时代，一个企业的线上营销是基本功，如果你在行业峰会上夸夸其谈，台下的人打开手机搜索你的大名却一无所获，他会怎么想？你猜猜看。

他一定会想要么碰到了骗子，要么这个人身份造假。因此，在互联网时代，最基本的百度百科、个人相关SEO优化还是要有的。而且，尽量要做到首屏显示。

5. 购买专业媒体

打造个人品牌与企业品牌，只有做好前四项之后，才能考虑媒介购买的事情。不管是央视卫视、电梯广告，还是航空杂志，抑或是钻展、直通车、百度竞价排名，购买这些媒体的前提条件是投入产出比。打广告是为了赚钱，而不是为了找死。冲动是魔鬼，大家可以看看历年央视标王的最终结果，我想你就会慢慢冷静下来了。

请回答，你的顾客是谁_____，他们在哪里_____，你打算用_____方式将信息传达给他们。

二、成交顾客

这是将潜在顾客转化为顾客的关键环节，其核心在于企业的营销三问、尖刀产品的选择、促销方案的设计三大要素。如果能够降低新顾客进入门槛，就能有效提高成交率。

你打算选择_____产品，促销方式是_____。与其纠结，不如开练。与其痛苦，不如开练！

三、稳定顾客

稳定顾客，就是让已有顾客持续使用你的产品或服务，其中顾客的留存率、复购率、黏性都是至关重要的参数，最常见的稳客模式就是会员体系与返利机制，美妆行业最常用的是积分兑奖、年终会员答谢，航空公司常见的是里程换机票、VIP通道、升级、保级，产品销售公司则通过低价或亏损销售耐用器材，再通过耗材盈利。如吉利刀片模式、惠普打印机模式、4S店销售模式。

四、增加顾客

传统行业增加顾客最常见的方式是：双人同行，一人免单。裂变的核心就是借助消费者的口碑或行为进行病毒式裂变，带来新顾客。例如：微信读书平台的赠一得一、滴滴打车早期的红包分享，以及常见的本邮件由××发出、本信息由××发出的"合作署名"机制，其原理就是利用消费者的闲置资源，实现二次传播与裂变。

五、联盟拓客

这是我做渠道17年的秘密绝招，所以，会重点解读。

恩师常说，一等人，人抬人；二等人，人挤人；三等人，人踩人。如果你在做一家新公司、一家新店，或者打算推出一个新品牌，那么，如何快速拥有高质量的客户呢？

▶ 不是去做陌生拜访，不是去做地推，更不是去做广告轰炸、电话骚扰，这些拓客方式效率非常低下，员工同样也会有很大的挫败感。我们会去做异业联盟拓客！

大家经常可以在影视剧里看到这样的场景——男主角被打得满地找牙、走投无路时，突然间，他找到了最重要的盟友，局势瞬间发生逆转。这是故事中最常见的冲突。由此可见，联盟的力量往往能够瞬间左右战局的成败。历史上，最著名的联盟战略有秦国的远交近攻、东汉时期的联吴抗曹、二战时期的轴心国与同盟国。

《孙子兵法》说"上兵伐谋，其次伐交，其次伐兵，其下攻城"。短短的几句话，也充分说明了"联盟"的重要性胜过直接带兵打仗。

我大学毕业后的第二份工作，就是在美妆行业做企划部门的负责人，一年当中，有绝大部分的时间都在出差，在维护终端渠道，做得最多的事情就是开三场会，分别是招商会、培训会、终端会，其中，终端会占这三场会的 60% 以上。

▶ 所谓的终端会，就是针对终端消费者做的会议营销体系。决定一场终端会成败的关键就在于能否解决邀了不来、来了不听、听了不买、买了不用、用了不介绍这五大难题。其中，最难的是邀约环节，顾客的数量与质量往往决定了整场会议的销量，而异业联盟往往能够有效解决邀约问题。

为了解决渠道招商及会议营销的难题，我发明了一套异业联盟拓客法，这套方法在美妆、医疗整形、养生养老领域已经沿用了近

20年，同时，在食品、保健品、培训行业、健康行业也被大量使用。它具体有四个步骤：

1. 拓客必先从稳客开始

营销就两个环节，第一个是营销拓客，第二个就是服务稳客。营销与服务，就像人的两条腿，缺一不可。我们都知道，开发10个新顾客不如维护一个老顾客。锁定一个老顾客的成本大概占营销推广费用的20%，拓展一个新顾客的成本占总费用的80%，聪明的经营者会把重点放在稳客上，而不是放在拓客上。

2. 启动老带新、转介绍

老客户的转介绍对于任何企业和个人业绩的提升都有极其重要的作用，因为口碑力量能够带来连锁反应和利益的成倍叠加。"自说不如他说，他说不如传说"，这就是转介绍的价值。对于一个企业来说，我们怎样才能够获得大量的转介绍呢？

需要从两个方面来考虑，第一就是超过客户的预期满意度。就是通过你的服务，你的专业能够赢得客户的信任，能够赢得客户的尊重，你要提供高性价比的服务和产品，让顾客感觉赚到了。第二就是让客户来做一些见证与背书，同时我们也要给客户一些工具，比如一些体验的名额或者是一些宣传的资料，让他们能够毫不费力地帮你宣传与转介绍。

3. 打开手机看通讯录

任何一个老板、一个企业家都有自己的人脉圈和自己的社交圈，通过手机通讯录的搜索可以了解到跟他有一定关联的行业。我们以某美容养生会所为例，与它相关的产业有女性服装、床上用品、美发、健身、保险、家居、装修、装饰、豪车等各个关联品类。

4. 提出利他的合作方案

▶ 天下熙熙，皆为利来；天下攘攘，皆为利往。没有人会拒绝利益，尤其是刚性利益。OK，我们思考一下，这些产业链中的联盟商最缺的是什么？

首先是高质量的新客户，其次是品牌知名度与影响力，最后，就是一些看得到的小惊喜。我们虽然没有客户，但其他联盟商有，借力打力毫不费力。我们可以一起来推一个主题沙龙，每一个商家都为客户提供优惠，所有的商家实现三个共享，即客源共享、宣传共享、利益共享。

一个老头来到一个村庄，见到一个小伙子长得英俊不凡，于是，老头就对小伙子的父母说："我要把他带走。"小伙子的父母立刻拒绝了。老头又说："我带走他，是因为要让他娶到世界首富的女儿。"小伙子的父母一听，就马上答应了。之后，这个老头跑到世界银行行长那里说："你要马上任命一个副行长。"行长问为什么，老头说这个人将成为世界首富的女婿。董事会一商量，果然任命这个年轻人做了副行长。最后，老头去找世界首富，说："我给你找了一个女婿，他是世界银行的副行长……"

人抬人，出高人。类似的故事，相信大家都听过，这里我们不讨论老头是怎么认识世界银行行长及世界首富的，也不讨论这个小伙是否德能配位。事实上，类似的故事几乎每天都在发生。异业联盟就是为了让首富与银行建立链接，作为中间人自然能够不战而胜。

5.资源共享，费用共担

拓客五步法，在于达→成→稳→增→盟，异业联盟是五步拓客法中的关键。很多时候，一些新手做异业联盟往往不成功，其关键原因就在于没有抓住对方的需求，没有收到联盟费用。如果对方没有交纳合作的费用，他提供的客户及资源都会很一般，对后续活动的参与度也会非常低。反之，对方投资的时间与费用越高，其忠诚度与成功率就会越高。钱在哪，心就在哪。

非常好，请告诉我五个你可以联合的企业_____

_____。

开练：潜意识营销才是超级营销

▶ 案例15：A股IPO电商第一股御家汇是怎么起盘的

时常回想起，御家汇的创始人戴跃锋老师在冬日里给我们上课，一群人围着一张大长桌，坐在湘江边上谈营销，谈电商，谈互联网的江湖。我和他并肩挤在一起烤着小太阳，这哥们一点都不像亿万富豪，倒像一个刚毕业的乡村老师，纯朴、实在、真诚，与人为善，乐于助人。每次合影，面对镜头笑得最嗨的人正是他（左七），那个闭着眼睛的中年光头男就是我。

创业的路往往九死一生，2006年戴跃峰刚接手御泥坊时销路并没有打开，其产品既没有差异化卖点，也没有足够的流量资源，年底，淘宝网"最佳面膜"被一家主打矿物泥的国际品牌一举夺得。

御泥坊的原料泥浆含有的矿物微量元素更多,老戴在竞争对手的启发下,找到了"矿物面膜"这一新品类,并且讲了一个动人的故事,传说"御泥坊"曾作为贡品上贡给皇家,故而叫作"御泥"。从讲故事的角度来说,戴老师就是天生的催眠师。

找到了好的品类,也有了一个深入人心的好故事,怎样才能让更多人体验到这款产品,并成为它的粉丝呢?

2007年3月,老戴做出一个现在看来仍然十分大胆的决策,御泥坊通过淘宝平台免费赠送9000份面膜,只需要用户通过支付宝支付一分钱,就包邮。正是这个看似亏本的拓客策略,保证了有效"到达"与"成交",而过硬的产品品质则让御泥坊面膜"稳定"了目标消费者,获得了大量的死忠粉,并且通过用户的口耳相传实现了销售额的裂变式增长。开业短短三个月时间,销售额就突破了70万元,不到两年时间,御泥坊的网上销量超过40000件,最终,老戴通过换股的方式反向收购了代工工厂,最终,实现产业联盟。

2015年,他创立的御家汇科技有限公司获得小米雷军旗下顺为资本亿元投资,雷军本人亲自出任御家汇的董事。2018年2月,御家汇在深交所创业板上市。公司旗下有御泥坊、小迷糊、花瑶花等护肤品牌,2017年营收16.5亿元,净利润1.58亿元,近三年公司利润的复合增长率超过50%。

至此，御泥坊已成为名副其实的A股IPO电商第一股，很明显，老戴虽然视力不好，却很有眼光，矿物面膜就是一个非常好的超级品类，戴老师的五步拓客法用得也是出神入化。由此可见，五步拓客法不单适合传统企业，同样也适用于电商企业。

60秒！潜意识营销的套路与话术

时间过得真快，转眼快七年了。前不久，我应某卫视邀请前往上海录制节目，手持恩师的介绍信来到了大师兄在中国区的办公室。大师兄出差在外，我与其首席咨询师进行了深入的交流。一天后，大师兄回短信说介绍信已收到，送了两本刚出版的新书给大旗老师和我，其中一本书的扉页上郑重地写着"恩师张大旗惠存"。

曾国藩说男儿自立，必有倔强之气。但是，年轻人经历过一些事情之后，往往更能换位思考理解对方了，虽有倔强，却不再逞强，心想大师兄还是有人情味的，他可能只是太忙了。

潜意识易受第一印象或第一信息支配，最典型的例子便是心理学的第一印象法则。我们几乎每天都在接触新的朋友，都在做自我介绍，但又有几个人精心设计过60秒的自我介绍，精心设计过第一印象呢？

想要把这60秒说清、说服、说动，真的不容易，本人的自我介绍就曾经改过1200遍以上！结果都没有改好，直到我学习了冯卫东先生的《升级定位》，才终于明白了60秒自我介绍有三个标准：

- 一、让别人一辈子都记住你的名字。
- 二、赢得别人的尊重并把你当成好朋友。
- 三、品牌三问：这是什么？有何不同？何以见得？

建议大家写出 200 字以内的 60 秒自我介绍。其中有两大关键点：

一、说清名字

在非官方自我介绍时，仍然建议大家使用品牌名，而不是证件名，这样做的好处是记忆成本更低、更有效！详见"命名，就是第一创意"。

借助你所熟悉的记忆去联想新知识，能快速记住并形成永久记忆，所以，建议你在介绍自己的名字之前，先通过关联让大家想起某个名人或熟悉的事物，这样的潜意识营销会让大家快速记住你，或者你用一些大白话来介绍自己的名字。例如，胡干作就是"干"出事业有"作"为；何一山就是"何"苦一山还比"一山"高。

- 自我介绍时，一定要把名字说清，还要说出它的意义所在，只有说清别人才会记住你，别人只有记住你才会和你产生互动。如果你的证件名不容易说清，不如使用品牌名、笔名、艺名等更容易被记住的名字。

二、想办法赢得别人的尊重

在 60 秒的时间之内，我建议大家最好强调一下自己的做人理念与原则，因为，一个做人有原则的人往往会让人觉得更靠谱。

如果以上两点你都做到了，那么，你可以再考虑加上一条品牌三问："这是什么？有何不同？何以见得？"

此方法由天图资本冯卫东先生提出，相当于程咬金的三板斧，总结得很到位，所以我一字未改，听话照做。在营销战略圈，我们每个新人入群都会以这样的方式来进行自我介绍，它的好处在于用最短的时间，呈现了最为关键的信息，降低了沟通成本。其实，这三个简单的问题，包含了营销学中最关键的要素，分别是：

1. 这是什么：指超级品类，降低了沟通成本。
2. 有何不同：指超级词语，表达了你的特色。
3. 何以见得：指超级证据，让人信服。

练为战，练为赢！打造个人品牌与企业品牌，通过 60 秒的自我介绍，让别人一辈子都忘不掉你，并赢得发自内心的尊重。除了有好的方法之外，还在于平时多多练习。

▶ 案例 16：军师唐堂的 60 秒潜意识营销话术

大家好。我的笔名是军师唐堂，简称军师，职业是营销咨询师，湖南人，我的处世原则是：堂堂正正做人，老老实实做事。现在你只需要记住一句话：大健康行业，想找营销咨询师，首先找军师。重复一遍，大健康行业，想找营销咨询师，首先找军师。来，我考考大家，大健康行业，想找＿＿＿＿＿＿，首先＿＿＿＿＿＿。

军师 = 大健康营销咨询

潜意识营销才是超级营销，所谓套路与话术，就是标准化，可复制，有章法可遵循。大家可以从这段话里看出来，军师，一共出现了四次，尤其是最后一次，以反问方式来强调，效果会更好，这就是重复的力量！首先要保证大家能记住我的笔名，至少，记住"军师"二字，如果一提到"大健康营销"就能想到"军师"就更好了，这样，就能保证大家看到的、听到的、记住的、议论的、感受到的，都是同一个人、同一件事，在非官方自我介绍时，再次强调大家使用品牌名，而不是证件名，别不好意思，有效果比有道理更重要。如果17年前就有这套话术，相信我的收入与影响力会有质的改变。

▶ 如果有朋友想进一步地了解你，你继续介绍品牌三问：

我们公司是军师唐堂大健康营销咨询工作室，从事大健康行业营销战略咨询17年，帮助了135家企业做强做大，尤其擅长健康食品、健康睡眠、健康美妆等大健康行业的营销战略咨询。敢承诺按效果收费！加助理微信可以报名参加"个人品牌公益课"，免费体验。

这是什么：大健康营销战略咨询工作室。

有何不同：从事大健康行业营销战略咨询17年。

何以见得：帮助了135家企业做强做大，尤其擅长健康食品、健康睡眠、健康美妆等大健康行业的营销战略咨询。敢承诺按效果收费！加助理微信可以报名参加"个人品牌公益课"，免费体验。

▶ 如果他还有兴趣，想洽谈合作，你可以再加上两问：谁会购买？为何购买？在此就不一一展开讨论了，大家可以自我思考与开练。

用兵一时，练兵千日。大家可以按照这个模式，以品牌名→价值观→品牌三问，套出属于你的自我介绍。这套模式真的非常强大，

第二章 潜意识营销的六大步骤

非常有效，我强烈建议所有读者要充分重视60秒自我介绍，每人都练习至少100遍。因为它简单、有效、立竿见影，能直接带来流量及业务，同时，自我介绍就是潜意识营销，就是打造个人品牌与企业品牌超级口碑！

这是什么：_____

_____。

有何不同：_____

_____。

何以见得：_____

_____。

谁会购买：_____

_____。

为何购买：_____

_____。

以上品牌五问，每填写一问计20分，60分为及格分！

开练：潜意识营销才是超级营销

▶ 武艺练不精，不算合格兵！这套话术与训练方式，源自大师兄早年分享的练习方法。告诉我，你愿意在_____天之内，练习_____遍。组团练习效果更佳，记得用秒表计时，每次介绍限60秒以内！

紧贴实战，突出对抗。最有效的训练不是死记硬背，而是模拟真实的场景。台上一分钟，台下十年功。不花力气的学习就像在沙子上写字，今天写，明天就消失了。低质量的反复开练意义不大，重点在于反思！建议：两人一组，进行相互介绍并进行对练，提出质疑与改进意见，最好能用手机录音或录像，反复打磨。在整个营销领域的刻意训练当中，潜意识营销的套路与话术是一道大题，也是一道重点拿分题，希望读者朋友引起高度重视，强化阶段至少两天一练，每次60—90分钟，冲刺阶段最好一天三练。建议大家，基于这60秒的话术，再编写出5分钟、10分钟、30分钟、60分钟的营销话术，事实上，其骨架都是基于品牌五问再逐一延伸细化出来的，千万不能脚踩香蕉皮，滑到哪算哪。

美国顶级销售专家霍吉的营销格言便是："熟知人心，是营销之本。"营销人员要把话说到别人心里去，既要一语入心，也要一语中的，在语言的组织过程中，尽可能地少用花言巧语，少用形容词、副词、介词，语言尽量朴实无华，尽可能地多用打比方、举例子、给数据的形式来交流。例如，我就经常强调本书是一本"可练习"的营销心理类图书，它相当于个人与企业的营销教练，大家就

第二章 潜意识营销的六大步骤

秒懂了。而举例子、给数据，就是为了让你的语言更有说服力，尽可能地做到顺其自然，理所当然。

掉皮，掉肉，不掉队；流血，流汗，不流泪。职场新人最忌讳的就是投机心理，偷工减料，总想着抄捷径走后门，少干活多赚钱。这种观点非常害人，尤其是营销人员千万不能有这种思想毒瘤，作为新人最好先掌握"机关枪"的使用方法，等上升到一定层次的时候再去练习"狙击枪"。数量往往决定质量。只有足够的训练量，才会有足够的拜访量，只有足够的拜访量才会有足够的客户量，有足够的客户量才会有足够的销售量。因此，训练量＝销售量！

▶ 既然练不死，就往死里练。再练一遍，再一遍，再一遍，永远要比你的对手多练一遍。让我们读《开练》，一起练！读《开练》，反复练！

潜意识营销第五步：价值变现

我认为，许多人并不缺乏专业技术，而是缺乏将专业变成财富的技术。价值变现的关键在于安全感，在于吸引力，这是一种比五步拓客法更厉害的潜意识营销技术。

安全感，是动物界进化了数亿年留下的本能，在人类中仍然存在。近年来，相亲节目盛行，所有的节目中，最受欢迎的男嘉宾可以用三个字来概括——高！富！帅！基本上，满足这三项条件的男嘉宾，都会有大把的小姐姐爆灯。这是为什么？

每个女性终其一生，都在寻找能够给她安全感的男人。当然，每个女性对"强"的定义会略有不同，身家百万的女性会对身家千万的富翁感兴趣，身高170厘米的美女会对身高180厘米的男性感兴趣，如果你能够让女性注意到你的强大，那么，理论上你已经吸引到她了。

▶ 同理，客户也一直在苦苦寻找最强大的合作伙伴。不论是从社会影响力、企业经营规模、行业人脉资源，还是从个人资产实力来看，只要能证明你足够强大，那么，你就有可能吸引到更多的潜在客户。

给足安全感！只做不说的潜意识营销练习

这一章节我犹豫了很久，不知道该不该写出来。算了，豁出去了！

做催眠师有一件很痛苦的事情，这是我们圈内的一个小秘密。许多个案在接受长期的心理干预后，会出现移情现象，她会不由自主地想起你，甚至喜欢上你，严重的还会在催眠过程中产生幻觉。这个行业的潜规则是不允许催眠师单独催眠异性，至少要有第三人在场，或者有录音、录像设备记录。

这也算是学催眠的副作用了。但是，这个副作用对营销来说却非常重要，因为，营销就是要让顾客喜欢上、爱上自己的品牌，不是吗？其实营销如恋爱，这两者有许多共通之处。在我公司工作过多年的老同事，基本上都靠我的恋爱营销法找到了自己心仪的另一半，其中的关键秘诀就在于潜意识营销流程。

▶ 潜意识营销开练清单二：适合营销新手拓客练习

销售	进阶流程	工作分类	流程要点
售前	拓客阶段	超级正念	1.化负为正：深信越倒霉，越努力，越神奇。 2.摆正心态：这只是一场游戏，输赢没有关系。

续表

销售	进阶流程	工作分类	流程要点
售前	拓客阶段	寻找资源	3. 寻找圈子：一定要找到业内最有权势的圈子。 4. 寻找贵人：师兄、前辈或任何愿意帮你的人。 5. 寻找名单：客户的姓名、电话、背景资料。
		寻找偶遇	6. 偶遇地点A：行业协会举办的沙龙与研讨会。 7. 偶遇地点B：大哥组织的圈内分享，有主场优势。
		植入按钮	8. 成就介绍：通过大哥来介绍你曾经的案例与战绩。 9. 极速转化：60秒自我介绍，以及有杀伤力的案例。 10. 使用证据：证人与证词。
		随机拓客	11. 自利利他：持续地去帮助和支持别人。 12. 见面由头：我刚好路过你们公司，你在吗？
		播放按钮	13. 假设好处：合作后，他能得到的好处。 14. 假设坏处：如果不合作，他的损失是什么。

本流程适用于各个行业，尤其适用B2B及大宗交易，随后进入潜意识营销流程三

备注：打造个人品牌与企业品牌，上兵代谋，下兵攻城。我从不主张主动出击，但你一定要做的话，建议要多考虑"利他"或"让利"。

我有一个小兄弟做保险，意外险的价格一般是100元/年/人，他的进货价格为75元/年/人，这是透明的政策，我会建议他：每一单主动亏损5—10元/年/人，并且以短信群发的方式一次性通知200人，从而获得沟通主动权，最后，通过其他保险业务来获取利润。这样一个小调整，让他的收入翻了50倍！有些弟子掌握了

这套流程后，销售利润增长突破 20 倍！潜意识营销才是超级营销，42 天开练大行动，你我开练！

▶ **潜意识营销开练清单三：适合在业内有一定影响力的营销老手**

销售	进阶步骤	工作分类	流程要点
售前	吸引阶段	一个圈子	1. 利益圈子：和贵人们建立一个利益共同圈。
		两个证明	2. 找到证人：通过有信誉的客户来做信任背书。 3. 找到证词：通过第三方证词，获得吸引力。
		三个磁铁	4. 展示能力：品牌三问，展示专家身份与能力。 5. 展示实力：晒车晒房晒流水，有实力才有吸引力。 6. 展示案例：你能帮客户赚到多少钱，把它晒出来。
	预约阶段	两个保持	7. 保持距离：通过助理预约，明确对方的实力及需求。 8. 保持神秘：暗示你很忙，对方可以先看官方资料。
		两个承诺	9. 承诺诚意：没有诚意，不要见面。 10. 承诺预算：没有预算，不要见面。
售中	破冰阶段 谈判阶段	三个磁铁	11. 不断重复：强化能力、实力、案例。营销就是重复。
		一份问卷	12. 强化预算：通过问卷再次强化对方的心理预算。
		三板斧	13. 建立信任：公开那些能够公开的合同。 14. 威逼利诱：把痛苦说透，把好处给够。 15. 不断承诺：承诺你能够做到的一切。

续表

销售	进阶步骤	工作分类	流程要点
售中	打款阶段	适度惩罚	16. 适度否定：让目标降低防备，质疑自身价值，相对提升你的价值与影响力，提升你的权威性。
		两大陷阱	17. 解除陷阱：破除"吸引力不强、临时反悔"两大陷阱。
		现场打款	18. 最好全款：说回去打款，多半是"前戏"不到位。
售后	执行阶段	结果说话	19. 做出结果：没有别的方法，必须让客户赚到。
	转介阶段	请求转介	20. 一托三：最好在合作中提出，这是你的特权时期。
			21. 剩余价值：将你的信息植入到客户的场景或产品中。

以上内容，注意保密。严禁运用潜意识营销技术从事非法活动

人在苦中练，刀在石上磨。如果有心的话，可以看出这两份潜意识营销练习表有三大共性。

一、通过先发影响力建立安全感

潜意识营销成败的关键点其实是在见面之前。孙子兵法的核心就在于制人而不制于人，先发影响力就能够先发制人，就能掌握营销的主动权。真正的潜意识营销高手，都会把重点放在见面

之前，只有确保在见面之前对方已经接受了你的暗示，并产生正面的联想，才有见面的意义与价值，不然，见面就等于浪费时间。

罗伯特·西奥迪尼在《先发影响力》一书中说，注意力是先发影响力的首要武器，这是整个动物界通用的法则，甚至能够压倒心理学最著名的动物行为模式：巴甫洛夫的狗。他举例说，通过反复刺激创造出的条件反射，狗一听到铃铛声就会流口水，哪怕这一次没有出现任何食物。但是，他换了个试验室或者多叫了几个陌生的朋友来围观，令狗无视铃声和食物的刺激，狗就不流口水了。由此可以证明，注意力先于条件反射发生了作用。

二、通过保持神秘与稀缺建立安全感

▶ 所有的潜意识营销高手都会刻意地保持神秘与距离，恩师与大师兄都是刻意而为之，通过保持神秘来获得吸引力，最终赢得最优质的资源与主动权。

这是营销战略咨询师们的职业习惯，我也有这个习惯，这并不是一件坏事，事实上只有菜鸟和新手才会随叫随到，不懂得拒绝与神秘的重要性。过于明显的营销意图，只会让顾客丧失安全感从而启动意识盾，或者选择远离你。刻意保持神秘感，一来可以起到筛选客户的作用，二来可以有更多的时间专注于自己的主业，三来可以更好地服务于现有客户做出成绩。

诸葛亮还要刘皇叔三顾茅庐，你不体现点诚意，别人凭什么来帮助你呢？

最近，钻石巨头戴比尔斯公布他们推出了一个人工钻石品牌，价格是天然钻石的十分之一。在此之前，钻石商人强调钻石很稀有，所以才昂贵，一克拉的钻石大多数人都消费不起，但实际上如果能够把地球上已知的钻石挖出来，足够60亿人每人都分到20克拉。除了强调稀缺之外，他们还将钻石和爱情关联在一起，并花了大量的广告费用进行推广，让爱情成了钻石的超级按钮，一提及爱情就必须购买钻石，因为这是爱情的见证。由此可见，稀缺与神秘就是产品溢价的两大关键元素。

三、通过专家的身份与能力建立安全感

营销开口三句话，这是什么？有何不同？何以见得？如果能够把这三句话真正说到别人心里去，你的专业能力也就有了。实力与案例的重要性好比50块钱与100块钱，哪怕50块钱设计得再漂亮、保存得再好，就算这100块钱掉到地上，还被人踩了几脚，人们都更愿意选择100块钱。丛林法则，从古至今始终存在！谁强，谁就有话语权。同时，通过建立信任、威逼利诱、不断承诺这三板斧来达成合作，其关键在于把痛苦说透，把好处给够。整套体系当中，打款、转介绍是两个牛鼻子，签了合同不代表会打款，所以，最好在签约时就要求支付全款或定金，同时，请求转介绍。这是你的特权时间，千万不要浪费！

在打造个人品牌与企业品牌过程中，我有必要提醒大家，即便你使用了正确的营销战略以及高超的潜意识营销流程，但我仍然不敢保证你百发百中，任何营销大师都做不到这一点，但是，正确的营销战略加上适当的潜意识沟通技巧，会大大提升潜意识营销成功的可能性。潜意识营销清单特别适合一对一营销及大宗业务洽谈。

自古"套路"得人心。这两张潜意识营销开练清单，你计划练习_____遍？潜意识营销才是超级营销，42天开练大行动，你我开练！

▶ 案例17：健康食品业，如何让顾客更有安全感

健康食品按功能可分为营养补充型、抗氧化型（延年益寿型）、减肥型、辅助治疗型，健康食品进一步细分为一般食品、绿色食品、疗效食品、营养补助食品、特殊用途食品和机能性食品等。

简而言之，在消费者的潜意识认知中，健康食品除了功能食品之外，普遍是指具有高附加值的特色食品，与普通食品相比具有较高的溢价空间。例如，土猪、土鸡、土鸡蛋就属于健康食品，而猪、鸡、鸡蛋就属于大众食品。糙米属于健康食品，大米属于大众食品。基于此，我们在打造健康食品时，首要考虑的就是要借助顾客的潜意识。

开练：潜意识营销才是超级营销

一、借助潜意识资源，让消费者更有安全感

在人们的潜意识中，红糖比白糖更有营养，更健康。事实上它们都源自蔗糖，其区别仅仅在于白糖多了一道纯化脱色的工艺，因此，红糖的营养成分并不比白糖高，之所以红糖的价格比白糖高，是因为物以稀为贵，红糖虽然加工成本低，但因为销量少，所以生产及流通成本就会更高，这才是红糖价格高于白糖的真正原因。红糖补血、治痛经，也是潜意识中的认知决定的，首先红糖并没有补铁的作用，因此，它并没有补血的功能。红糖之所以能够治痛经，那是因为热水起到了热敷的作用，从而缓解了痛经的症状。可见，认知大于事实。借助顾客已有的认知，就能让顾客感觉更安全。

二、借助地域资源，让消费者更有安全感

人们普遍认为西藏的冬虫夏草、青稞酒、雪莲花、藏红花、麝香更正宗，西湖龙井茶更正宗，认为东阿阿胶更补血，湖南的湘菜更好吃，四川的火锅更美味。这些都是长期以来，人们潜意识深处已经达成的印象，我们只能顺应，不能试图挑战与改变。

三、取个好名字，让消费者更有安全感

关于健康食品的营销战略咨询，我想起了大旗老师做过的一个案例。山东东阿阿胶公司接受特劳特（中国）品牌战略咨询公司营

销新战略建议，决定开拓保健品市场，向市场推出一种以保健礼品面目出现的阿胶新产品，提升阿胶制品的保健价值。当时决定开发的新品已取名为"东阿阿胶浆"，并为之拟了广告语"本经滋补上品，两千多年传承"。

大旗老师给出的第一个建议是，新产品名还须改名。因为，厂家此前早已有了一个类似名字的主打产品"复方阿胶浆"（其他厂家也可能有"阿胶浆"一类的叫法）。大旗老师主张再加上一个"元"字，将产品名定为"东阿阿胶元浆"。老师觉得这一改变会有几个好处：

一是叫法新颖，而且能体现差异化。

二是便于消费者今后以"元浆"二字方便地称说。

三是可以表现原产地特色而突出产品品位。这第三条其实最重要。（注："元"有开始的、第一的、为首的含义。"元"还与"原"相通，如"元元本本"跟"原原本本"可以通用。所以，"元浆"即"原浆"——原汁原味的地道浆液。）

大旗老师的两条建议，当即被东阿阿胶公司总经理章安女士欣然接受，而且对之特别看重。特劳特咨询公司总经理邓德隆先生，则对增一"元"字格外欣赏，谓之一字"万"金。

这以后，东阿阿胶公司便抓紧了这一保健新品的研发工作。各项规定的试验完成之后，公司迅即以"东阿阿胶元浆"的名字向国家保健食品审评中心申报审评。产品功能和毒副试验等在审评时全部顺利通过，唯独产品名"东阿阿胶元浆"未获认可。审评中心下达通知，要求东阿阿胶公司将产品重新命名后再报。

章安总经理指示说，命名不改，"东阿阿胶元浆"六个字都要保住。审评中心对"东阿阿胶元浆"命名的理解，纯属如下常规性的：东阿阿胶元浆＝东阿（商标名）＋阿胶（品类名）＋元浆（属性名）。透过这个分析，大旗老师看到问题解决的希望了：一个语言片段的内部结构有可能不止一个呀！

于是，大旗老师将"东阿阿胶元浆"的内部机构作了另外一种分析：东阿阿胶元浆＝东阿（商标名）＋阿胶元（品类名）＋浆（属性名）。

"东阿阿胶元浆"的命名，虽因一个"元"字而几经风险，最终还是"一字未删，一字未增，一字未改，一字未挪"，而仅仅用了对其语言内部结构的另类分析一法，就这样化险为夷了。这是恩师在10多年前做过的经典案例，现在看来，食品行业要想打造强势品牌，就必须给消费者带来强大的安全感。

没有承诺，就没有成交

风险逆转！就是主动承担风险或者是把风险降到最低。交易的本质就是面对风险，谁能够把风险降到最低，把好处增到最大，谁就能够轻而易举地获得这笔交易，这就是潜意识深处的需求与本能。

一、承诺安全，就是临门一脚

我们在做营销工作的时候，往往在临门一脚时会出现很多障碍与变故。客户明明很有兴趣却总是犹豫不决，谈好的事情突然会变卦，等等。多数情况下，就是在承诺这个环节出现了问题，因为没有承诺，客户就没有安全感，没有足够的信任，就没有成交。

谈恋爱的时候，这一点显得尤为普遍。男孩向女孩求婚时会说："我会一生一世对你好，打不还手，骂不还口，工资上缴。"举行婚礼时，男孩还会向双方父母和满座高朋再次强调会如何对女孩好。这个就是典型的公众承诺！如果你的吸引力还不够强大，那么，就只能借助承诺的力量了。要知道，没有承诺，连女孩都不会嫁给你！凭什么客户会选择你呢？

对于打造个人品牌与企业品牌而言，承诺有几个方面的好处。首先承诺对自己而言是一个动力，是让自己继续前进的力量。有人去请教罗斯福总统戒烟成功的秘诀，罗斯福说："这很简单，就是告诉我的家人、朋友和同事说我戒烟了，这样就不好意思再吸烟了。"罗斯福用的就是公众承诺的方法，借助大家的监督来实现戒烟。没有承诺，就没有成交。营销当中常用的承诺方式有常用于餐饮行业的"先吃后付款"、常用于电商行业的"七天无理由退换货",以及"七小时不脱妆""不卖隔夜肉"等效果承诺等。

二、自说不如他说,他说不如传说

之前,我们谈到过营销如恋爱,那么,你如果总是对一个女孩说自己多么厉害,想必她一定会认为你是在王婆卖瓜,自卖自夸。如果她身边的某个闺蜜说:"哎哟,这个小伙子很不错,年轻有为又多金。"想必,她就会瞬间对你刮目相看。如果,在她的社交圈里,时不时地有人谈论起你,这已经成功地证明你很强,而且,在她的心里产生了一个感觉,这种感觉慢慢地就会产生吸引力。企业营销也是如此,你必须找到强有力的第三方给予证明,例如,百年老字号、奥运会官方赞助商,等等。

▶ 案例18:健康睡眠业,应该选择强势品类实现风险逆转

人的一生有1/3的时间是在睡眠中度过的,换言之,睡眠与空气、水、食物一样重要。战国时的名医文挚曾对齐威王说,他的养生之道是将睡眠摆在首位,睡眠是养生第一大补。老百姓也常说药补不如食补,食补不如觉补。可见,睡眠健康在民众的认知中是占有一定的优势的。

一、睡眠产业品类的大小

中国产业信息网数据显示，截至2017年，我国整体睡眠市场（包含寝具、家居等）容量已经达到10000亿元。全球睡眠医疗由产品和服务两大品类构成，其中，产品市场占整体份额的88%，服务市场占12%。睡眠市场已经形成了一块大蛋糕。

二、大品类更容易诞生大品牌

我们接触到的睡眠产业当中，其主力市场仍然在家纺、床垫、枕头、保健品、酒店业五大品类。简单来说，人们更愿意相信这五大品类能够改善睡眠，因此更有可能诞生强势品牌，尤其是酒店行业存在巨大的想象空间。我们预测，未来品类分化将是行业发展的一大趋势，其中一个品牌对应一个细分品类至关重要。

三、一个品牌对应一个品类

梦洁股份原名梦洁家纺，属于改制企业，如今与罗莱、富安娜并列，号称"家纺三剑客"。2013年10月，梦洁集团的市场与品牌总监来到了我们公司，希望我能够在技术层面为梦洁提供背书与宣传。后来我又接洽了梦洁电商部老总龙新贤与总经理李菁先生，因为仰慕梦洁集团"爱在家庭"的这一文化，我们非常爽快地确定了合作方向，并签署了部分框架合作内容。

开练：潜意识营销才是超级营销

当时，临近"双11"，梦洁想以电商作为发力的核心，对标品牌是枕工坊，想主打一款低价枕头，用于引流。在整个睡眠环境当中，一个枕头的舒适性，决定了睡眠的深度与质量。因此，枕头的重要性不言而喻。

梦洁能够意识到枕头的重要性，实际上已经是从家纺迈向健康睡眠，更具功能性与科学性了。但是，我们提出在消费者的潜意识中，枕头并不是梦洁的强势产品，因为睡眠博士与枕工坊让人感觉更专业，因此，我们觉得这并不是最好的切入方式。最终，在正式签约的前一天，因为种种原因，终止了此次合作。2017年，我们再度与梦洁寐牌携手。

其公司目前拥有"梦洁""寐""梦洁宝贝""梦洁床垫""觅""平实美学"六大品牌，其中"梦洁宝贝"定位儿童家纺市场，"平实美学"倡导环保、低碳理念。由此可见，梦洁集团已经意识到了品类分化的重要性，并将其提上了战略高度，但是，我认为"梦洁宝

贝"与"梦洁床垫"两个品牌，可以考虑用一个新的品牌名称，这样会更容易占据人心，毕竟，一个名字在用户的潜意识里只会代表一个品类。关于这一点，商业史已经反复证明。

潜意识营销才是超级营销，移动互联网时代，信息爆炸、产品爆炸、媒体爆炸。我们需要极度聚焦、极度简单，一个品牌关联一个品类，一个品类打造一个爆品或许是梦洁集团弯道超车的关键。

▶ 由此可见，睡眠大健康未来的趋势一定是在大品类当中，一定是在强势品类当中，因为，只有强势品类才能创造强势品牌。而一个品牌对应一个品类才能让消费者更有安全感。同时，一个强有力的品牌承诺，给消费者以强有力的安全感，会为品牌带来源源不断的客户。

潜意识营销第六步：口碑裂变

金杯、银杯，不如客户的口碑，移动互联网时代，信息的传播方式也发生了突变，不再是简单的自上而下传播，不再是央视、卫视、报纸广告一家独大了，而是变成多点对多点的社交传播，每个人都变成了媒介，如果能够掌握人心的力量，就能让100万广告费用起到一个亿的效果。这一点，对于潜意识营销来说尤其重要。

▶ 恩师对营销学的见解与众不同，他主张营销不是广告，广而告之没有用，关键要感而动之。因为，说清、说服不是营销的目的，说动才是。潜意识营销是沟通，不是宣传，更不是广告！

大旗老师说，任何一个从事广告行业的人，想取悦广告主，我们肯定要让他的传播达到一个理想的效果，那么促成传播的关键到底是什么？是迅速让大家看到所谓的到达率，还是知晓率？到达了、看到了，而无动于衷，这样的看到有没有意义？

大旗老师坚持所有的推广必须围绕着你想占领的超级词语是_____来做文章，认为广告不是"广而告之"这四个字，他更看重感而动之，一定要打动人，如果受众没有被感动，他们就不会口耳相传。

不求广而告之，但求感而动之

有同道说广告费就是用来浪费的。我们对此是反对的，我们追求的不是广而告之，而是感而动之，只有这样我们才能为企业、为广告主省下大把的媒体投放费用。我们希望通过制造大新闻来带动大公关，通过零广告或低广告投入，获得极大的知名度与美誉度，这就是大旗老师常说的公关胜于广告，与"帽子"大师的高举高打截然相反。

一、感而动之的优点

1. 不花钱、少花钱达到扩大知名度的目的。
2. 精心策划出来的新闻事件，具有较高的新闻价值。

3.公关传播大多带有戏剧色彩，比广告更易吸引公众。

二、如何才能做到感而动之

现实社会当中我经常会写一篇文章，写一篇发言稿，写路演的PPT，或者是跟别人说一段话，写一个电影的剧本，或是写一本书，在信息的交流过程当中别人就会觉得：哎！这个人说话好有逻辑，很有说服力。

有一次陪同大旗老师去给顺丰传媒集团做营销广告专业授课，我就问老师，怎么样提升自己的文案能力？怎样创造一个打动人心的广告呢？他教导我说，其实一个广告好还是不好，有没有说服力，能不能说动人家去完成购买就在于三点：

1.逻辑对不对：有没有逻辑性，是不是1、2、3顺理成章。
2.语言通不通：你的身体是知道答案的，所以我们不是写文案，而是读文案，就是把文案写好以后多读几遍，看是否顺口、是否富有节奏感，有没有销售力、传播力、竞争力。
3.修辞好不好：能否产生一些好的画面感，让人一见入魂。

潜意识营销才是超级营销，不求广而告之，但求感而动之，不求人人看到，但求人人知道。大旗老师常说最好的广告语就是借助俗语或俚语的力量，因为俗语或俚语往往能够让人脱口而出，能够活在受众的口耳之间，受众的意识盾还没来得及反应，就已经被暗示了,甚至采取行动了。所以,老师要求我每次写完文案之后,必须要大声地读个三五遍,体验一下语感,看是否爽口,是否能够做到脱口而出。

▶ 案例 19:健康美妆业,会议营销的关键在于感而动之

不知不觉我们已经扎根中国美妆业 17 年,服务客户近百家,重点在美妆、减肥与医疗整形三大细分品类。这些年,随着电商与微商渠道的兴起,美妆业又迎来了一次大的发展,其原因在于美妆业物流成本低,产品效果立竿见影,利润空间高,具有极强的社交属性,且女性是重度消费人群。

根据中国报告网的分类,美妆业指的是美容及个人护理品的概念,包括十二大细分子品类,统计数据显示,2016 年我国化妆品行业市场规模为 3338.6 亿元,2012—2016 年的年均复合增长率达到 7.2%。

▶ 因此,有不少人将美妆业作为创业的第一选择,尤其重视线上渠道的建设与销售,我们建议大家在线上推广引流的同时,创业初期应当更重视线下渠道建设。理由是,通过招商会与沙龙会更容易建立稳定的分销体系,更容易打造品牌势能、快速试错与迭代。

一、会议营销的关键在于感而动之

如果一场会议顾客参与了没有感觉,没有行动,那么,这场会议注定就失败了。反之,如果一场会议让顾客听了有感觉,有行动,那么,这场会议就成功了大半。我们曾经运用会议营销帮助湖南植美村代理商连续三年获得全国销量冠军,10年时间其销售业绩增长持续突破10倍以上,并帮助客户从湖南省代理商直接成长为植美村、泉润全国老总。

二、感而动之的关键在于找对人、说对话

2007年,植美村品牌在全国的影响力并未产生,其湖南省代理商想做一场针对植美村品牌的全省招商会,并为全国代理商打造样板。

1. 市场细分

生活美容行业按销售渠道不同,可以分为专业线、日化线以及前店后院三种渠道。前店后院与专业美容院产生了渠道重叠,所以,一直拿不出有针对性的销售与售后服务方案,通常带来的后遗症包括:招商订货会日化线老板喜欢研究利润比,打多少钱送多少货。而专业线老板则喜欢学习与强调售后服务,会议有没有导师前来讲课,后期又有怎样的终端会议行销模式。因为参会的目的与需求点各有不同,所以众口难调,怨声载道。

2. 市场选择

只有找对人，才能说对话。通过研究，我们确定目标客户为前店后院渠道。据分析，2007年年初湖南植美村代理商面临的市场形势是，美容院已被老字号霸占，日化线又没突出竞争优势，唯一的出路是前店后院。

3. 确定诉求

植美村的优势在于售后美导可驻店12天，产品配送比例大，并有强势媒体广告投放计划。经过仔细思考，我们提出"前店后院最佳拍档，植美村承诺美导驻店12天"。这样的会议主题避开了美容院与日化精品店，选择了前店后院这一特殊渠道，其次，聚焦"美导驻店12天"这一核心诉求，从而在竞争中胜出，打动目标客户。

我们多次强调，潜意识营销的关键不在于说清、说服，而在于说动，把话说到客户心里去，才会感动他。经此一役，我们连续10年为植美村品牌提供营销战略咨询服务，我与谭志江先生也成了多年死党，之后的"七小时不脱妆"，我们在渠道建设这块也有过深入的讨论。

移动互联网时代，如果你没有足够的广告费用，不如选择线下渠道发力，通过会议营销打开渠道，其关键就在于找到一个说动人心的主题与卖点。

潜意识传播三要素：干货、热点、共鸣

我曾和大多数的创业者一样，没有足够的资金打广告，没有豪华的团队，那么，我们该如何不花钱打造个人品牌与企业品牌呢？

移动互联网时代，随着信息进一步爆炸，我们的传播成本越来越高，传播效果却越来越差，这一点将会愈演愈烈。因此，把广告做成优质内容必将成为一项趋势，资讯的传播媒介已经从电视过渡到手机视频，再过渡到新闻客户端。在这个大的背景下，受众可以选择跳过广告、不看广告，而选择看内容。

▶ 因此，传播的决胜点已经从广告转移到内容，与此矛盾的是在这样一个内容极其过剩的时代，我们的信息很多时候根本无法有效到达目标受众，除了内容本身的问题之外，还要通过三个步骤设置潜意识传播按钮，第一是干货，第二是热点，第三是共鸣。

一、干货内容

毛主席说过，笔杆子枪杆子，革命就靠这两杆子。这句话放在移动互联网时代，依然不过时，因为只有成为专家才能成为赢家。越是互联网时代，越是内容为王。实话说，"个人品牌"定制课的重点就是每个人每天至少写一篇行业内的专业文章，最少100字也

可以，如果你能坚持一年，你会发现你的观察力将会变得极为敏锐，并会收获一部分超级粉丝；如果你能坚持三年，你有大概率成为行业的意见领袖；如果你能找到一个有经验的老师为你布置作业，并提供反馈，进行大量而系统的刻意练习，或许，你能成为某个细分行业的第一人！并打造行业第一的个人品牌！事实上，我的许多学生都做到了！

影响力的关键在于干货内容，即有价值的内容。初创型的个人或企业品牌，可以选择的媒体相对有限，可以运用身边已有的资源，优先考虑自媒体、网络媒体、低成本媒体。如果在自媒体运营这块没有必胜的把握，我们建议果断放弃，转向更聚焦的专业媒介或线下媒介。毕竟，潜意识营销的本质就是以强打弱，而不是以弱打强。

▶ 据说，美国有一个超级网红有300多万粉丝，她号召自己的粉丝参与募捐，你猜猜看捐了多少？100美元！所以，粉丝在精不在多，阅读量同样在精不在多，质量永远大于数量。

现实世界中的同行，直接传达会比网络媒体更精准有效，而且也更有温度与分量。一本行业内参或图书，关键点在于聚焦"行业"二字，一定要有十足的干货与方法论，关于内容创作的方法，我们用得最多的是访谈。大家可以拿一支录音笔，每次采访前准备不少于10个问题，采用问答的方式收集素材，再交给第三方整理成文字。这样的内容，往往非常真实，也极具参考价值。比如：米其林轮胎为了让更多人出行，编辑了一本《米其林指南》，一不小心影响了全球餐饮界。还有宜家的DM直邮广告，也为其带来海量订单。

基于这本内参，我们再来运作企业或个人的公众号。在内容过剩的时代，如果只有一些没有营养价值的文化快餐，必然无法引发话题与二次传播。所以，一定要沉下心来，做有深度的优质内容。

二、热点话题

大旗老师常常和我说，潜意识营销才是超级营销，哪里有新闻，哪里就会有记者，我们要做到的是，哪里有策划人，哪里就有新闻。很多事情，我们要用逆向思维反其道而行，制造热点。移动互联网时代，有很多企业花费了大量的人力、物力运营自媒体却收益甚微，主要原因是内容深度不够、比较碎片化、信息同质化严重，以及新媒体的打开率越来越低。所以，大家在媒体上传播时要紧扣热点话题，这样扩散的可能性会更大。每天都会出现不同的热点与话题，但是，不变的是优质的内容。

热点话题确实不太容易抓，但是，你如果用七年的时间专注一个领域，在这个领域里不断地尝试去把握热点，我相信总有一天你会成功的。

三、共鸣

有人问牧师:"我在祈祷的时候可以抽烟吗?"结果,这个人被牧师狠狠地批评了一顿。而另一个人换了一个方式问:"我在抽烟的时候可以祈祷吗?"结果这个人却被牧师当作榜样。同样一件事情,不同的表达会有完全不同的结果。我们一定要跳出内容看内容。身处信息极度混乱的时代,人人都是自媒体,人人都在生产和消费内容,只有好的内容还不够,潜意识传播三要素"干货、热点、共鸣"缺一不可。

▶ 案例20:恒大火山冰泉,这样做会更火

赢得人心,胜过一切!潜意识营销必须顺应消费者的需求与潜意识,而不是将自己的意识强加给消费者。

恒大许家印,不得不说是一个商业奇才。从1996年创立至今,恒大用短短20年的时间就挤进了中国地产业的三甲。2015年,恒大更是以2050亿的销售额登上了中国地产业的第二把交椅,其业绩仅次于万科。然而,即便是这样的商业奇才,却也在"恒大冰泉"这一项目上,没有取得预期目标。

2013年,恒大高调宣布进军快消品市场,推出他们的主打产

品——恒大冰泉。根据预测，2014年的销售额将达到100亿，2016年可以达到300亿。然而，市场是残酷的，一年时间，恒大冰泉亏损近23.7亿，之后更是累计亏损超过40亿！

一、选择投资会更火

众所周知，恒大这个超级词语代表的是地产，而不是冰泉。恒大要跨界，首先，它更应该考虑如何在自己优势基因或关联产业入手，比如与地产相关的建材、物联网、互联网金融等领域。其次，不是做客户需要的，而应当做自己最擅长且客户也需要的，实现以强打弱，只有足够专业，才能赢得客户的信任。如果硬要切入饮料市场，很容易，投资××矿泉水公司，推出一个"火山冰泉"会更火。

二、换个名字会更火

虽然火山冰泉有明确的品类创建，也为竞争对手贴上了地表水的标签。但是，潜意识喜欢简单，讨厌复杂。毁灭一个品牌，最快的方法就是做品类延伸，"恒大"早已经是地产业务的代称，消费者已经形成了固有的认知，而"恒大冰泉"凌空出世，一时之间很难让消费者接受，甚至觉得喝起来味道怪怪的，换个对的名字，结果应该大不一样。农夫山泉显然很懂潜意识营销。它的水，真的甜吗？

三、2元定价会更火

潜意识一旦形成认知,就难以改变。整个中国市场的饮料定价都是在5元之内,矿泉水的核心定价更是在2元左右。所以,在绝大多数消费者的潜意识中,已经把"矿泉水"和"2元"画上了等号,基于此,恒大冰泉早期的5元定价如今改为2元左右,是个正确的选择。

▶ 得人心者得天下,得潜意识者得天下。任何企业和个人想要在移动互联网时代取得成就,就必须如同数千年前的先哲孟子那样有民贵君轻的思想,这样才能与消费者产生潜意识的共鸣。潜意识营销才是超级营销,知易行难,大家开练!

► 第二章思考题

以个人品牌为例，请问问你自己：

1. 你是拥有超级正念，还是超级负念？

2. 你的个人定位是否清晰？是否聚焦？是不是以强打弱？

3. 你的名字是否简单易读、易懂、易记、易传？如果不是，你将取一个怎样的品牌名？

4. 你的 100 个超级粉丝是谁？你的 60 秒潜意识营销话术能否打动人心？

5. 你能不能一句话说动顾客购买你的产品或服务？

6. 如何将你的产品或服务一传十，十传百？

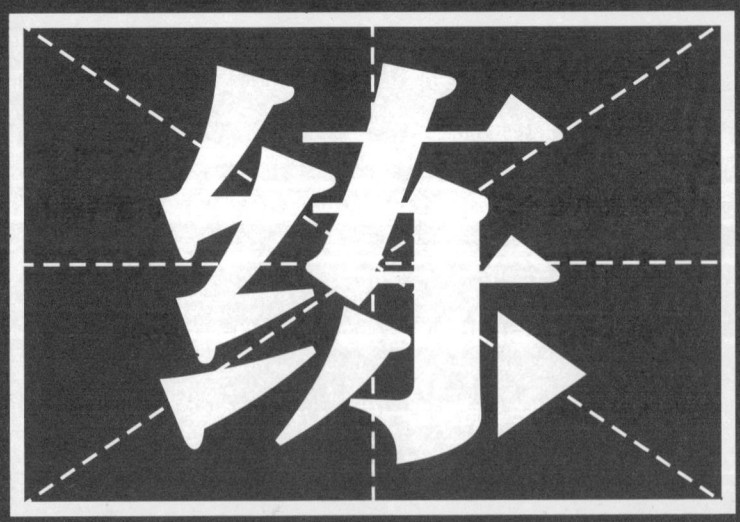

潜意识营销的
九大能量

要练就练 练到底

第三章
潜意识营销的九大能量

本书的目标读者并非那些千亿企业的一把手,而是刚入职场的年轻人。第三章是本书的重点,尤其适合新人实践练习!本章讲述的是如何借助九大能量修炼强大的内心,以及七年赚到七套房的方法。最小的实践与练习,胜过最大的道理与说教。与其说教,不如开练。本章中,我在市场一线的真实经历与感受占的比重非常大,有大量一手资料供大家参考与对比,虽然没有像大师兄一样的成功案例,但贵在平凡,贵在接地气。毕竟,绝大多数的企业是中小企业,绝大多数的人是平凡的普通人。

努力了好些年,与大师兄的差距却越来越大了,怎么努力也比不过他。他长得比我高、比我帅、比我有才,也比我更富有,专业造诣更是比我强数倍有余,很多人都建议我放弃吧、认输吧、认命吧。但我知道很多事情要坚持到底,即便是输,也虽败犹荣。说实话,我恨他,但我更爱他!

开练：潜意识营销才是超级营销

拳击运动员为了提高成绩需要陪练，田径运动员为了提高成绩需要陪跑，同理，如果我们想进一步提升自己的专业能力与收入水平，我们也需要一个竞争者，一个假想敌，一个对标，一个偶像，或者是一个对手。我的大师兄究竟是谁、他究竟有多厉害并不重要。他若帮我是情分，他不帮我则是本分。每一个职场新人都应该找到一位能够让自己仰望的"大师兄"，他既是我们人生的偶像，也是我们对标的方向。有时候我们会恨他，但更多的时候我们其实很爱他，很想成为他。伸手摘星，即使徒劳无功，亦不致一手污泥。

▶ 回到主题，最小的实践与练习，胜过最大的道理与说教。与其说教，不如开练！很多读者向我反馈："副书名叫'潜意识营销才是超级营销'，我们能够理解，也深表认同。但是，第三章为什么要强调'七年赚到七套房'？恐怕太急功近利了吧？"

我觉得不会！有目标胜过无目标，你可以把七年赚到七套房当成一个参考，根据能力大小，也可以是七年赚到一套房、七年赚到700万或者七年去帮助七名失学儿童，甚至可以是七年打造七本畅销书。更长远来看，房子与财富也不重要，重要的是自我成长，重要的是人生的经历与体验，重要的是不枉此生。七年赚到七套房，并不重要，重要的是你必须有一个明确的目标。潜意识营销的九大能量，你我开练！

练习一：借助自己的能量

运用潜意识的能量，"假装"自己有了一套房

潜意识营销才是超级营销！如果你没有强大的内心和基本原则，即使潜意识营销技术再神奇，对你而言也没有任何意义，甚至会害人害己。本章内容是潜意识营销技术的具体应用，会与第一、二章内容有部分重复，大家可以当成是复习。在展开阅读之前，我要和你约法三章，只有遵守这三个先决条件，才有可能七年赚到七套房。

▶ 一、还记得 42 天"开练"大行动吧，坚持到底。
▶ 二、每天至少花七分钟去做一些能达成目标的事情。
▶ 三、一旦决定做什么事情，必须在七天内行动。

知足者常乐，还是不知足者常乐，这是我在大学时代就辩论过的观点，正反双方各有各的理，犹如硬币的一体两面，讨论这个话题意义不大。就像我的弟弟，在年轻的时候总认为平淡是真，开心就好。但是，到了一个时间段，家庭的责任与压力把他逼到了墙角，他却后悔莫及。

很多事，让他学不如他要学，他要学不如他爱学。幸运的是他主动向我求教，并为此努力奋斗了两年多。在第三年，他的收入实

开练：潜意识营销才是超级营销

现了裂变与倍增，他的人生出现了不可思议的逆转，他的成长让我感到骄傲和荣耀，他让母亲悬了十余年的心放了下来，也让我在心里对父亲有了一个交代。这些实用指南，就是我与弟弟的亲身经历，大家可以作为参考。

有目标比没有目标更有效，大目标比小目标更有效，清晰的目标比模糊的目标更有效，长远的目标比短期目标更有效。目标本身就有极为强大的自我催眠作用，因此，你可以把这一章理解为潜意识营销的实践篇。你可以把它作为一个参考，根据能力大小，可以是七年赚到七套房、七年赚到三套房、七年赚到一套房，都行！其实大家不必和别人比，只需要和自己比就可以了，希望大家把注意力放在效果上，因为，意念之所在，能量随之而来。

▶ 大家或许会发现，九大能量，我都是在强调"能量"二字，例如：借助自己的能量、借助家庭的能量、借助教练的能量。那么，能量与能力到底有何不同呢？

第三章 潜意识营销的九大能量

能量与能力犹如潜意识与意识的关系,犹如太极阴阳相互转换、互为因果。从小到大,我一直觉得这个世界挺神奇的,只要闭上眼睛能"看见"的事情,就会慢慢地变成现实。所以,营销领域所说的"认知即事实"是真实存在的,大概这就是所谓的得偿所愿、心想事成吧。

▶ **其实,发愿就是一种潜意识沟通,其公式如下:文字化→视觉化→感觉化→坚信它→大量行动。基于此,可以理解为:发愿 = 自我催眠 = 潜意识沟通。**

比如,你想拥有一套房子,你可以先想象一下这套房子的大小,比如说是 150 平方米、180 平方米、200 平方米、300 平方米、400 平方米甚至 1000 平方米,这都是可以的。再想象一下这个房子的风格,它是中式的、欧式的,还是美式的?然后想象一下房子的颜色,它是青砖绿瓦,还是红石头?是红色调、灰色调,还是暖色调?然后想象它的形状,是圆形、方形,还是异型?再想象它的质感,它是粗糙的,还是玻璃的?是高楼大厦,还是乡间别墅?

越清晰越好,越详细越好,直到你可以走进去,感受这个房子的布局。大厅是怎样的,厨房是怎样的,阳台是怎样的,卧室是怎样,装饰是怎样的,灯光是怎样的,你走进每一个房间,越真实、越明确越好,这里面有五个步骤:

一、文字化

你可以先用一段文字来实现它,比如:我拥有了一套房子,面向湘江,春暖花开,有一个200平方米的圆形阳台,层高五米,能够俯瞰整个湘江,楼下还有一个数万平方米的综合购物中心,江边还有很多花花草草……你都可以先写下来。

如同跳远一般,一个人的极限距离是2米,那么,建议你把每次增加20%作为自己的目标,终极目标可以设定为2.2—3米,同时,你要告诉自己,就算没有跳到3米,至少也超越了自己的极限,也是值得肯定和赞许的!保持正念,保持喜悦,是一件非常重要的事情,甚至说它可以决定最终是否能够达成目标。

你打算在_____岁之前,需要_____万元,来购买一套_____平方米的房子,为此,你愿意付出_____%的努力。

古人常说德不配位,必有遭殃。你心里要做好准备,"欲戴王冠必承其重",想拥有更多,必先付出更多。

二、视觉化

▶ 闭上眼睛去"看"这座房子,整个过程有一点像拍照片时的对焦,一开始会比较模糊,但是,慢慢会变得清晰、明亮、富有色彩。不管你的绘画水平如何,拿起笔,把它画出来,哪怕奇丑无比也没有关系。如果你实在不想动笔，你可以打开电脑，去寻找你心目中的房子，直到满意为止。

OK，你认为它是_____风格的房子，大门是_____色的，墙面是_____色的，灯光是_____色的，阳台有_____平方米。

三、感觉化

把图片转化为感觉，让它在你的大脑里放电影，然后去寻找那种感觉，通过色、形、质这三个方面来感受它。

现在，你能否想象光脚踩在地板/地毯上的感觉？是_____的感觉。请把它写下来。或者，你可以想象自己正躺在舒适的沙发上，身体随着自己的深呼吸开始慢慢地下沉，慢慢地沉到沙发里面。

如果你非常认真地做到了以上三步，那么恭喜你，至少你的潜意识已经看到了。接下来，便是将认知转化为现实。

四、坚信它

相信还不够，需要坚信！念念不忘，必有回响。

在心理学中它是一种潜意识的心理暗示，而且这个暗示是非常强烈的。很多人都会有这样的感觉，你越是不希望发生的事情，往往越会发生。很多失眠患者害怕失眠、逃避失眠、抗拒失眠，结果第二天仍然会失眠。

既然我们暗示这些不好的事情会发生，同理，暗示那些好的事情，它们也会被吸引过来。举一个例子，你走在大街上，突然有人骂你、侮辱你、责备你，你心里会感觉非常难受。反之，你经常给自己鼓励、加油、打气，就会提升你的能量，让你变得更有激情。

在中国，有多少人是把温暖给了路人，把枪口对准了家人？大多数家长对小孩的教育方式就是很典型的心理暗示。比如说"我就知道你这次考不过，你这个家伙很没出息""你这一辈子就只能是去要饭，去睡大街""你找不到对象了""你过不好人生了"，等等，这种方式，除了在刺激疗法（心理学专业技术）中偶尔使用之外，平常生活中我们都要尽量避免。

▶ 父母是原件，孩子是复印件。为了避免复印件出问题，我们是不是应该先修改出了问题的原件呢？

五、保持正念，大量行动

潜意识营销才是超级营销！如果光想不去行动，不会有任何的改变。强大的想象和暗示必然会带来强大的行动力，只有充分的行动才能够将梦想变成现实。它才能够将认知显化出来，才能以心唤物。其实《开练》这本书的价值就在于运用人们的意念、想象力进行自我暗示，然后吸引到更多正面的动力来改变自己的人生。

天下大事，必做于细；天下难事，必做于易。改变自己可以从简单的、见效最快的事情下手。比如早起、健身、日行一善、每个月将50%以上的收入存下来……

在英国威斯敏斯特大教堂的地下室里有一块墓碑，上面写了这样一段话："当我年轻的时候，我的想象力从没有受到过限制，我梦想改变这个世界。当我成熟以后，发现我不能改变这个世界，我将目光缩短了些，决定只改变我的国家。当我进入暮年后，发现我不能改变我的国家，我最后的愿望仅仅是改变我的家庭。但是，这也不可能。当我行将就木时，突然意识到：如果一开始我仅仅去改变自己，然后作为一个榜样，可能改变我的家庭；在家人的帮助和鼓励下，可能为国家做一些事情，然后我甚至有可能改变这个世界。"

第一次看到这些碑文时，我就在思考，如果刚出生的时候，首先考虑的是改变自己，通过自己的改变是不是能够得到家人的支持，这个家庭是不是能够改变？

因为得到家人和朋友的支持，或许就能成立一家有意义的公司，去改变一个行业，最终有可能为这个国家做出一些奉献，从而改变一个国家，乃至改变整个世界。其实，最难改变的不是全世界，而是你自己。

六、越倒霉，越努力，越神奇

▶ 如果《开练》这本书只需要你记住一句话，我认为这一句话不是一等式、三原理、六步骤、九能量，不是 100 个红苹果，也不是那个超级词语，而是"越倒霉，越努力，越神奇"这句超级咒语，因为，它曾救过我的命！

越倒霉，越努力，越神奇，请把这句话分享给你身边的七个好朋友，因为，教是最好的学。往往没有能力的人会追随有能力的人，有能力的人会追随有能量的人，而这句咒语有凝聚人心的能量！相信我，将它传递给你身边的人，去帮助他们，他们将会成为你的支持者。

上士闻道，勤而行之；中士闻道，若存若亡；下士闻道，大笑之，不笑不足以为道。如果你不打算改变自己，如果你不打算主动吃苦，如果你连"要"的动力都没有，我建议，你可以不用再读此书了，因为没有人能够喊醒一个正在装睡的家伙。

很多人觉得，发愿并没有什么效果，自己还是做着普普通通的职员，跟太太和小孩挤在五六十平方米的小房子里，他会觉得世界不公平。但是，其实你已经在你的潜意识里许了愿望，并且获得了实现，可能你要的只有一套五六十平方米的房子而已。如果你想改变这一现状，可以试一试下面的方法。

既然生而为人，就难免会有不如意的地方。我们可以试着接纳它，放下它，重新开始，继续前行。心想，事不一定会成，但是，心不想则事不成，这是必然的。我觉得如果一个人能够改变自己，获得更多人的支持，七年赚到七套房，就会是一件轻而易举的事情。

▶ 潜意识营销才是超级营销！你才是自己最重要的粉丝！你应当为自己加油、打气，应当支持自己的梦想与愿景，如果连你都不相信自己，不支持自己，那么又会有谁愿意相信你、支持你呢？

本书讲的不是神话，更不是鬼话，我说的都是自己亲身经历过的事情。虽然我没有那些大集团公司的老板那么成功，但这恰恰是本书的优势，因为，它更适合普通人阅读，更适合职场新人使用。它既有一些大道理、大战略，更兼具一些简单的方法论。相信我，你只要一用就会见效，尤其是这九大能量。

OK，"假装"自己有了一套房，开练吧！

七年赚到七套房的五个具体方法

曾经有科学家做过这样一个试验，他把跳蚤放在桌上，一拍桌子，跳蚤跳起来的高度大约是其身高的 100 倍以上。之后，科学家把跳蚤装到了玻璃罩中，并一次次降低玻璃罩，最终跳蚤已经无法再跳了，变成了"爬蚤"。这样的爬蚤效应，你有吗？

没有不合理的目标，只有不合理的期限。大多数人都高估了自己一年内能做到的事情，也低估了自己七年内能做到的事情。基于我自己的亲身经历而言，一个家庭七年想拥有七套房的方法在于：

一、一词定心

我们年轻人，到底是该先学会投资理财，还是先学会投资自己？当然是先投资自己了。因为，这样的投资才是最保险、最稳妥的方式，没有风险，且立竿见影。

催眠就是不断重复！来，再次回顾，你想主打的是＿＿＿＿＿＿（超级词语）＋你是＿＿＿＿＿＿（超级品类）。

▶ 潜意识营销才是超级营销！基于一词定心，每天努力一点点，每天进步一点点，相信短短数年之内，你的收入就会有极为显著的改观。投资自己的专业，投资某一个词，才是最好的复利式增长。通过大量的刻意练习，在两到三年内成为某个领域的第一名，这样，就有了一只为你下金蛋的"母鸡"，哪怕你遇到投资失败、天灾人祸，你也有了安身立命之本。

当然，前提得保证这个词语是市场需要的，你能做到数一数二的，最好是你曾经通过这个词语赚到过一定数量的财富。你可以去银行打印最近三五年的流水账单，它会告诉你答案，这样的简单试错会为你节省大量时间成本。

二、制定目标，把不少于 50% 的收入存下来

所有理财知识无外乎讲了两点，一个是资产，一个是负债。判断资产与负债的标准也非常简单，钱流向你就是资产，反之，钱从你的口袋流出去了，就是负债。拥有财富最简单的方法就是增加资产，降低负债。

OK，再来回顾一下你的目标。你打算在_____岁之前，需要_____万元，来购买一套_____平方米的房子，为此，你愿意付出_____% 的努力。

基于这个目标，养成定额储蓄的习惯。结婚之前，我的个人负担是比较轻的，通常是将 80% 左右的收入都存了下来，然后，以年为单位将其存入银行定期。每年我都会用这种方式来逼迫自己获得新的收入，当然，我的主要收入还是通过自己的专业知识来获得。

结婚之后，有了家庭和孩子，固定支出会大幅度地提升，我与太太商量过后，也是朝着每年 50% 以上的固定储蓄去努力的。每个人、每个阶段的收入水平基数不同，所以，存钱的比例也是因人因时而异的。

曾经有一些媒体报道，夫妇二人为了享受生活边旅游边工作，甚至一度讨厌工作、逃离工作，媒体还美其名曰高境界。唉，人生

不就是应该努力工作、努力生活吗？人生不就是为了家人、为了责任而活着吗？

人生起起伏伏，世事难料。我有过连续 16 个月没有赚到一分钱的经历，那段时间真的不容易，我在做睡眠公益事业，真的很苦、很难熬，却很有意义。储蓄就是为了度过那些艰难的岁月，没有谁会一帆风顺一辈子，或许，转眼之间就会风云突变。

▶ 我奉劝各位年轻的读者朋友，不要轻易投资金融产品，因为，你的心智还没有完全成熟，一次重大的投资失误可能彻底把你打趴下。这样的例子屡见不鲜，真是太可惜了。

未婚的朋友一旦有了明确的目标，就要抑制住享乐的诱惑一直前行；已婚的朋友需要与家人商量后，制定合理目标，并且相互监督、鼓励、支持，达成既定目标。

1. 关于买房

买房分为两种，一是自用型，二是投资型。常理说来，我并不建议大家买很多的不动产，就像是我之前的一位客户说的，买那么多不动产又卖不动，真的没有必要。一般而言，投资房产的比例最好不超过固定资产的 50%。

我们之所以当时决定每年要买一套房，只是因为觉得租房不如买房，企业在不断发展的时候，办公硬件要不断升级配套，而且，不适合办公的房子,我们都会将其出租来降低贷款压力,因此,房产对我而言不是负债,是资产。这样的资产累加,长远来看回报是比较稳定且较为可观的。

2. 关于买车

从创业开始到现在,我也换了两辆汽车了,每辆汽车的价格都不到 20 万元。这是因为,汽车对我而言是负债,没有必要为它支出大额费用。我身边有许多企业界的朋友却不这么认为。多数人认为人靠衣装马靠鞍,但人靠衣装的关键在人,好马配好鞍的关键在马。

汽车对于多数年轻人来说,就是一笔不小的负债,10 年前,我的一个同学全款买了一辆 CC,而我,用同样的钱付了一套房子的首付,后面的事情就不说了,你懂的。

开着一辆十几万元的汽车去见一些新朋友,有时候脸上确实有些挂不住,太太也一度不理解我,说:"不说几百万的跑车,买辆 BBA 对我们来说是件轻而易举的事情,你为什么要过得这么俭朴呢?"

因为这是基本原则,是基本逻辑。还有一个原因,就是我不太爱开车,往往一年下来开车还不到一万公里,既然出行这么方便,我为什么还要自己开车呢?

3. 关于旅行

朋友圈有很多小伙伴的梦想就是环游世界，这挺好的，结果，他居然连自己所在城市的一些名胜都没有去过。唉，追风少年，追到头一场空啊。

到今年为止，我从未出过国。但是，从南边的香港到北边的哈尔滨我都去过，中国一半以上的大城市我都去过、待过。而且，几乎没有什么费用。因为，我通常是在工作的同时，顺便去旅行了。可能一项工作需要出差三天，那么之后的两至三天，便是我的旅行时间了。

结婚前，我会花大约两元钱，购买一张公交车票，坐在车上看风景。然后，一个人到名胜处静静地走一走，停一停，看一看，呼吸一下那里的空气，感受一下那里的时光，我会刻意地自我催眠，运用时间线技术（心理学专业名词），回到过去或者去到未来。

太太是一个很宅的人，不是特别喜欢到处跑，因此，结婚以后我们俩的旅行就是江边的漫步，从一头走到另一头，两个多小时，摘摘花、吵吵闹闹谈谈心，就算是旅行了。每年我会有一段时间，到南岳闭关思考、写作、静心、修行。其实，旅行没有必要是一个任务，从一个名胜赶往另外一个名胜，人挤人，或者堵在高速路上。我喜欢旅行的时候在那里小住几天，短则两三天，多则十余天，融入当地人的生活，成为他们的一分子。年轻的朋友们，要用自己的眼光看世界，没必要人云亦云，为了拍几张炫耀的照片而累着自己，伤了钱。

三、先投资人，再投资物

一个人，如果只进不出，那么他基本上就是一个守财奴了。这样的人生也没多大的意义。在结婚前，我通常每年会拿出10%的收入来进行消费，再拿出10%的收入用于投资或是做做公益。婚后，公益支出的比例不降反增。这样做的意义在于：

1.让自己更清醒：不断提醒自己，天下万物非我所有，不必太执着。

2.让自己更坦然：能够支持其他人，自己也觉得有了继续前行的动力。

我的能力也极为有限，在力所能及的情况下，多做好事、多些付出，总是好的。这也是妈妈一直教导我的。根据我的经验而言，投资"人"或许比投资"物"回报更大。认识我的朋友们都知道我有几个习惯：

1.礼多人不怪

绝大多数的情况下，我与朋友许久未见，总会带份伴手礼。这个习惯有20来年了吧，把好东西送好朋友，因为他们曾经帮助过我，我需要发自内心地感谢他们。

2. 要感恩，更要报恩

这个世界真有趣，人人都在说感恩，却很少有人去报恩。这样的感恩，又有什么意义呢？如果你真的感恩某人，就去报恩，不然，就是骗人、骗自己。最小的善行，胜过最大的善念。

3. 成人之美

我们合作过的老客户，大多数都成了死党。要是有些简单的诊断、咨询、设计、策划，我是从来不收钱的，塞钱给我我也不要。因为，人要报恩，过河不拆桥，还要去修桥、去立碑。事实上，这些客户会想方设法地反馈给我，因此，我们每年都有非常大比例的业务来自客户的免费介绍。是的，没有任何佣金的介绍，更有效！其实，潜意识营销的本质不是卖东西，而是以心换心、经营人心、赚取人心，但又有多少人是喝着自来水，记着挖井人呢？

4. 投资快马

我们每年都会接触数千名陌生人，甚至更多，你要从中挑选出最优秀的高手，我们可以把他当作一匹"快马"，他能够让你马上成功。这些快马要满足两个要求，首先专业要数一数二，非常厉害；其次，就是为人要厚道，人品过硬。

如何判断呢？其实，也很简单，找一个圈内的朋友问一下，他在业界的口碑如何，看看他的手机号码是不是经常更换就知道了。永远不要听一个人说了些什么，而是要看他做了些什么。

妈妈常说斗米养恩，担米养仇。不要轻易地借钱给朋友，如果非要借，你最好做好这笔钱要不回来的准备。事实上，向我借过钱的朋友，一半以上都没有按时还钱，而且，为数不少的人再也没见过面了。因此，借钱一定要慎重，要么不借，要么不用还。别人既然好意思来麻烦我，我当然也好意思拒绝他。

5. 投资情报

信息流决定资金流，正确决策的前提是获得大量正确的情报，占据信息优势。老一辈的创业者普遍有一个习惯，就是晚看新闻早看报。通过新闻联播与参考消息，获得最新的政策信息，从而走在大家的前面。

移动互联网时代，信息越来越透明，越来越对称。要做一个有心人，很多时候一条横幅、一张海报、一条短信、一个网站都会让你的财富倍增。除此之外，可以通过购买行业期刊、图书、参加行业峰会与培训会议，获得行业最新发展动态及需求走向，从而掌握更多的技术信息。同时，要在培训交流过程中，整合更多行业高端人脉。只有认识你的人足够多，你才能挑选出真正的红苹果。

6.投资理财

首先，我不是一个理财专家，但我有自知之明。因此，我首先考虑的是找一个比我更专业的人来做投资，我只需要判断这个人的专业水平与人品就好了。其次，我做投资并不成功，也没有具体的办法分享给大家。不排除有些人依靠高超的投资技术发了大财，但我知道一点，任何钱来得快，去得也快。所以，我还是相信通过汗水来挣钱会比较可靠。

我的投资比例一般情况下是按照"235法则"分配的，即可用资金中的50%用于固定储蓄，30%用于一般风险投资，20%用于风险投资。除非是有十成把握，一般这20%的风险投资，我是不会投的。我不想成为一名暴发户，所以，我也不会一夜之间一无所有。许多人的投资行为，在我看来就是赌博！人人想当镰刀，那谁会是韭菜呢？

四、学会自我营销找好伴侣

▶ 我妈妈常说，一命二运三风水，四积阴德五读书，六名七相八敬神，九交贵人十养生。我认为人生只有两次"改命"的机会，就是你选择一个什么样的"词"，以及什么样的人生伴侣。因为，只有伴侣才能改变你的孩子的血统、基因，以及家族的未来。找错生意合伙人输一时，找错婚姻合伙人输一世。家不和，万事不兴。

五、绘制潜意识时间线

我们看一些影视剧时，经常会觉得主人公的命运跌宕起伏。尤其是遇到一些悲剧性的故事时，我们内心都非常难受。影视剧主人公的命运其实是由编剧和导演安排的，假设人生也是一场演出，那么这个编剧是谁？导演又是谁？

其实，从心理学角度来说，一个人大概在12岁之前，他一生的剧本已经基本写完了，事业、爱情、家庭、婚姻里面的爱恨情愁、悲欢离合都已写好。12岁之后我们在自己的剧本当中只是登台演出而已，而这个剧本的创作者、编剧和导演，就是我们的父母，或者是身边一些比较重要的人。他们的一些价值观、一些建议、一些观点一直在影响我们的人生。

其实我们可以停下来思考一下：这样的剧本、这样的人生是不是自己真正想要的？如果你现在的生活是你想要的，那么恭喜你，你很幸运！如果你的人生不是你想要的，那么你也有权为你的人生改写剧本。从某个角度来讲，时间线技术就是这样的一个剧本编辑器，它能够重新设定你的剧情发展和走向。在很多人眼里这一辈子都赚不到一套房，为房子而发愁，那为什么你能够七年赚到七套房呢？

▶ 其实它源于一个想象，一个假装。

首先,你的潜意识要有足够强大的内在动力,要有强烈的企图心和原动力、驱动力,能够驱使你有这种欲望,要实现这样一个目标。这是一种原始的种子力量,你把这颗种子种在你的心里,它自然会生根发芽。它会生发出很多种方法,很多种资源。它就可以一生二,二生三,生发出各种因缘和合。

如果你已经把种子种下去了,你可以在地上画一条线,把它分成七个等份,当成七个步骤,每走一步都代表一年,这就是时间线技术。当然,你也可以拿起一张 A4 纸,在上面画一条线,如下图:

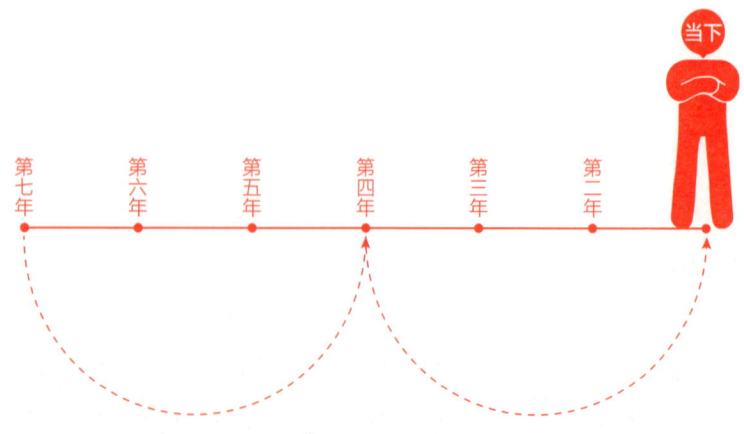

▶ 在这里,我发明了一个潜意识时间线倒推法,也就是我们先从第七年开始思考:

1.事业方面：七年后，你在哪一个细分领域、在哪一个区域成为第一名？你占据了哪一个词语？你会如何宣传推广自己？你会做一些什么样的广告？OK，现在你可以把它写下来，然后，和你的客户去讨论怎样修改与完善，他们才会为七年后的你埋单。

2.财富方面：不是你一年赚了多少钱，而是一年你存了多少钱。然后，用这些钱去买了什么？比如一套别墅、一辆车、一台电脑、一台相机。之所以举这些例子，是为了有更强烈的代入感。例如，很早的时候我就考虑过和老板一起创业，一年换一个办公室，所以，我每年要买一套房，甚至我连第一套、第二套、第三套房的装修效果图都找好了，结果平面布局和我想的完全一样，就像是我亲手画出来的一样。

3.其他方面：工作与赚钱绝对不是生命的全部，你可以花些时间去想象一下家庭的感觉：你会找一个什么样的人一起生活？组建一个什么样的家庭？未来将有几个小孩？

以上是我的小小意见，供大家参考。以我的经验来说，第一套房子往往是最困难的。你的终极目标可以大一点，但是"天下大事必作于细，天下难事必作于易"。建议你第一套房子可以从一个小户型开始入手，哪怕地段稍微偏远一点也没有关系，有些时候完成比完美更重要。

开练：潜意识营销才是超级营销

1. 要敢想，更要敢做

很多人常常抱怨："听过这么多道理，却仍然过不好这一生。"比如抽烟、酗酒有害身体健康，很多人不戒烟、戒酒并不是不知道它们不好，而是抑制不了短期的诱惑。

▶ 在我认识的朋友当中，大约有 80% 的人，都遇过到这样的情况。我想说的是，道理没有问题，是你自身的执行力出了问题。敢想敢做并不是一件容易的事情，想象不会创造结果，只有行动才会创造奇迹。每天睡前想着千万条路，醒来以后原地踏步，这样的人生是没有任何改变的。在我看来，目标的实现既要有想象力，更要有足够的意志力！

行为心理学家、《怪诞行为学》作者丹·艾瑞里有两个建议我实践过，感觉特别好：我们可以想象和未来的自己交流，也可以思考自己在七八十岁的时候的需求和遗憾，然后再回到今天，我们能够帮助未来的自己做些什么，去避免遗憾而早做准备。

我在实践的过程中发现，在潜意识"时间线"上加上一个明确的"时间节点"将会更有效，例如，我希望2039年当我55岁的时候，我仍然能够拥有10块腹肌，我希望2049年当我65岁的时候能够成为百万级畅销书作家，我希望自己能够活到2079年，当我95岁的时候，还能和家人们坐在阳台上喝着金骏眉看着夕阳落下时的火烧云。想法与愿望不一定会实现，但没有想法就一定不会实现，心不唤物则物不至！

▶ 以苦为师！没有谁天生意志力就非常强大，我只是懂得运用方法和自己的潜意识沟通而已。为了更专注自己的长远目标，抵制住当前的享乐和诱惑，我会借用"尤利西斯约定"。

古希腊神话中有一个英雄叫作尤利西斯，他在大海中航行返回故乡时，需要经过一段有海妖的水域，听到海妖歌声的人就会走向大海，最终溺水而亡。尤利西斯想到一个两全之策，他要求船员把自己绑在桅杆上，这样他既保障了自己的安全，又享受了海妖迷人的歌声，最终顺利地通过了那片海域。

2. 找到你的天赋

你可以在第一年先找到自己的优势与天赋所在，找到自己最擅长的事情，然后考虑怎么把它变成钱，或者是通过谁的支持，能够让你买下第一套房子。其实成功是很简单的，你只要先确定一个基本的赚钱模式，确定你的优势。

3. 把天赋变成一个超级词语

如果优势确定了，且通过这个优势你能够快速地赚到钱，剩下的事情就是找到一个超级词语，再不断地放大这个词语。关于这一个点，建议你再次回顾一下潜意识营销的六大步骤，它既可以用于品牌营销，也可以用于个人营销与品牌打造。

4. 制定更具体的小目标

这样细化下来落实到每一年你要做成一到两件大的事情，然后每一年制定一个目标去完成它，再将其分解到每个季度、每个月，最后，落实到每一天的工作目标。如果目标没有完成，我们一定要深入研究与诊断，并找到达成目标的方法。

你只要不断地尝试，不断地努力，这个目标总有一天是可以实现的。假如你的目标是七年赚到七套房，你没有完成也没有关系，至少你"取法其上，得其中"。你发了上等愿，可能就会结中等缘，至少，比你茫然地去奋斗要好得多。

对了，以我的经验来说，计划赶不上变化，以上五大方法，你不用全部记住，就像某位剑术大师讲的一样，永远不要记剑招，而是要记住剑意。这五大方法，如果在实践中能够用到五六成，就会有非常惊人的效果了，大家不要生搬硬套，过于苛求。

把心定下来，七年只做一件事

凡事散焦必败，聚焦可成。凡事分心必败，定心可成。想必，这个道理大家都认同，关键是怎么聚焦？怎么定心呢？

一、专注一个词

▶ 那就是在某个品类当中，占据一个超级词语，这个特性就是你的天赋、你的标签、你的绝活、你的一招鲜，你的安身立命之本。世界上绝大多数人都是做了很多件事，才达成自己的目标，甚至一辈子都无法达成目标，而真正有智慧的人会把所有的事情变成一件事，数十年只专注做一件事，做精！做专！做深！通过一件事就达成了所有的目标！这就是潜意识营销最重要的观点之一。

这就是人们常说的少即是多。以卖产品为例，一般人的思维是一款产品赚一万块，那么，要赚一百万就得出一百款产品。但是，真正的高手会从这一百款产品当中，挑选出最有竞争力、最有复购率、最有利润率、最有市场潜力的一款产品，做成爆品，赚到上千万。其实，人和产品一样，只有极度聚焦才会产生能量。

打造个人品牌与企业品牌，大家可以思考一下，如果占据一个词就能让所有的目标都实现，那么，这个词是什么词？该如何占据它？

潜意识营销就是不断重复！重复！再重复！来，再次回顾，你想主打的是_____（超级词语）+ 你是_____（超级品类），把它写下来。据说每个人从零开始到成为一个领域的专家只需要七年的时间。

二、你有 11 次机会

在这七年当中,只要极致专注于你的专业,并且进行了大量的刻意练习,你就能够成为这个领域的专家,换言之,如果你能活到 88 岁,那么在 11 岁之后,你将拥有 11 次成为某一个领域专家的可能性。

很多人 20 多岁的时候就已经死了,只是到了 75 岁才埋葬。他已经失去了成长的勇气,变成了一个行尸走肉,被这个社会磨平了棱角。其实他有很多次改变自己命运的机会。

七年只做一件事讲的就是聚焦,之前说过,太阳的热量是激光的几千万倍,甚至几亿倍。但是太阳却无法穿透人的皮肤,激光虽然只有太阳的几千万分之一,甚至几亿分之一的热量,却足够聚焦、足够专注,它可以切割钻石,切割钢铁,切割任何东西。

三、以强打弱,而非以弱打强

还记得鸡蛋和石头的故事吗?潜意识营销的关键就是先求不败、赢了再打、以强打弱、以多打少,因此,找到自己的天赋所在,找到自己最强势的一点,找到自己最能赚钱的一点,七年只专注这一件事情,把这一点放大 100 倍就可以了。

所谓七年只做一件事,并不是说其他事情你完全不去做,而是说这一件事做主导，其他事情作为辅助，在这个过程当中其实人生并没有"平衡"的概念，它只有"制衡"的概念。在同一个时间段，一个范围内，你要拿出更多的时间来专注于你的专业，通过专业的提升来获得足够多的报酬，从而拥有更多时间来照顾家人和小孩。关于这一点，请务必先与家人沟通清楚，得到他们的支持，你才能够阶段性聚焦于一个词。

有一群青蛙去爬一个铁塔，刚爬到10层就有一半的青蛙放弃了，爬到20层又有一半放弃了，爬到30层又有一半放弃了，爬到40层只剩下一只青蛙。这个时候下起了大雨，雷雨交加，下面的青蛙就叫它："你赶紧下来啊，小心掉下来会摔死，上面没有什么东西。"但是这只青蛙却一直往前爬，直到它爬到了顶点。这只青蛙下来后其他青蛙才发现，它原来是个聋子。

很多时候我们是在不断地挖坑，而没有挖井。没有取得成效的一个主要原因就是在不断选择，不断放弃。

人生从零开始，到成为一个专家只需要七年的时间，我建议大家一定要先找到自己与生俱来的优势，你在哪一个领域里面本身是很有热情的，本身是很有天赋的，本身是很有优势的。千万不要去想，而是要去发现，去看看你的银行账单，结果不会骗人。你通过这个优势赚过多少钱？服务过多少企业？你在业内的影响力有多大？凭什么你是这个领域的绝对权威？

我曾经遇到过许多年轻一辈的朋友，对我说，他们在自己的潜意识里种下了一颗种子，想拥有一套房，同时，也规划了清晰的时间线，第一年、第二年、第三年、第四年、第七年……

结果什么都没有实现，为什么？

▶ 那是因为一开始坐标没有定对，词语没有定对。你想象一下，假如我们现在让乔丹去打高尔夫球、让泰格·伍兹去打篮球、让小野二郎去做策划人、让李宁去当健身教练、让成龙去做厨师，结果会怎样？

他们可能连最基本的养家糊口都成问题，更别提成为世界级的专家了。这些人之所以取得卓越的成绩，拥有巨额的财富或者是传奇的人生，就是因为他们善于把自己最有优势的一面发挥出来，他选择了自己最闪耀的一点，然后把这一点做到了极致。只有这样才能实现人生的价值，才能实现自己的目标。本书最大的特点也在于此，我们强调潜意识的力量，但我们也强调用正确的方法，把心定下来，七年只做一件事。心法和方法同样重要。一个人之所以失败，主要有两个原因：

第一个是心法，能不能做到"越倒霉，越努力，越神奇"，要的强度够不够，他是不是很想要，愿不愿意付出大量的努力，能不能坚持到底？第二个是方法，就是要寻找自己的最有优势的一点，而且通过这一点来赚钱，做自己最擅长的，以强打弱。

▶ 自信者人信，自助者天助。你要经常告诫自己，你占领的超级词语是_____。一旦确定，就不要轻易改变。只有坚定地相信自己的信念，才会得到信众的支持与追随，如果自己都不相信自己，自己都不坚定，谁会相信你，又有谁会追随你呢？

练习二：借助家族的能量

过去及未来的家人，才是潜意识的根本能量

身份→思维→行为→结果，因此修改一个人在社会系统中的身份，就能直接修改最终的结果。人们对自己身份的认知大多数都来自原生家庭，因为血缘关系是集体潜意识当中不可忽视的能量。

我们在催眠干预中，有一项威力强大的潜意识沟通技术叫作家族排列，简称"家排"。它就是为了疗愈个案身心方面的问题，从而借助家族的能量来进行干预，效果非常神奇。我们在做家排干预的时候，会邀请个案的父母及祖父母，或者是更多的祖先来跟个案进行对话，从而帮助个案走出他内在的一些困扰或者束缚。

一、借助时间线技术

简单地理解就是乘坐"时光电梯"回到过去或者到达未来，它是用暗示或是隐喻的方法来进行干预，通常以年为单位。

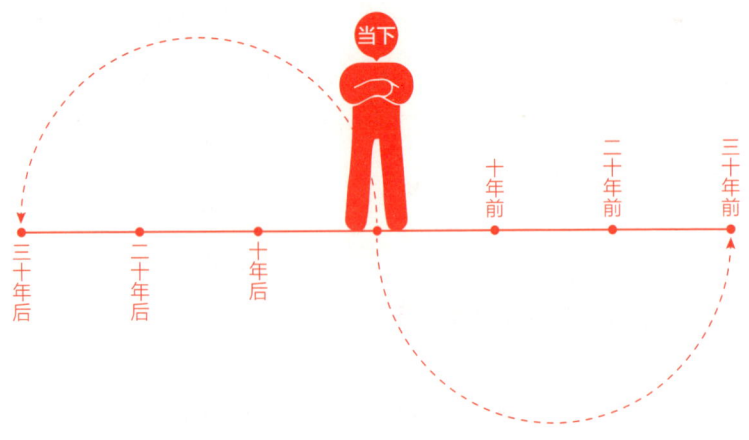

二、回到过去

当我感觉到迷茫、痛苦、压力、挫折、失败的时候，我就试着借助"时光机器"回到过去跟我的外公对话。从我外公那里，从他人生的智慧当中吸收到一些经验，吸收到他的敢于奋斗的精神。老一辈的人可能没有读多少书，但确实是挺有智慧的，他们会把生活当中一些朴素的道理讲给你听，所谓的"道不远人"就是这样的意思。

同样的，你可以通过冥想，借助一台"时光电梯"回到过去，找到能够给你力量的一位家人，和他说说话，听听他的建议，感受一下他的能量。

三、去到未来

我经常会想,我百年之后,我的后人会怎样看待我呢?

所以,有时候我会去到未来,同我的小孩或即将出生的小孩,或者是未来小孩的小孩去进行对话。他们往往会给我新的力量,让我继续前行。包括我在创作《开练》这本书时,就多次去到了未来,和我的儿孙们对话,把他们想知道的故事都记录下来。

正是因为和他们的链接,我有了奋斗的理由,恰恰是这种跨越时空的想象力,才给了我源源不断的奋斗的力量与创作灵感。我常常在想,以后他们的人生道路也会遇到迷茫、挫折和纠结,我该怎么引导他们呢?我又该如何以身作则呢?

过去及未来的家人,才是潜意识的根本能量。很多心理学专家,一说到个案自身的问题,总喜欢从原生家庭来找原因。我却不这么看,原生家庭有不好的一面,同时,也会有好的一面。越倒霉,越努力,越神奇!我们要的是化负为正的力量,所有的事情我们都可以保持正念,所有能量都可以为我所用。原生家庭不单是一些问题的根源,它也可能是你财富的根源。因此,我觉得世界有阳光也会有阴暗,关键是你自己往哪里看。

前面三套房,怎么拿下它们

用七年时间赚到七套房,只靠自己的努力很难做到,所以要借助别人的能量。万事开头难,尤其是前面三套房。因此,你需要找到坚定的支持者与盟友,毫无疑问,多数情况下拥有血缘关系的家人就是最稳定的"红苹果",而很多人会忽视甚至逃避这一点。

我们经常说一个观点叫"马上成功",你跑不过一匹马,那么你可以骑在马的身上。如果马跑到第一名,你骑在它身上也很容易得到并列第一。你要善于接触资源和工具,一个人如果跑一天能够跑10公里就已经很累了,但你骑自行车,10公里就会相对很快到达,如果开轿车那就更快了,如果你坐高铁、坐飞机就更轻松,而且更迅速。潜意识营销的关键在于经营人心,在于借势,在于借助那些比你更强大的力量,在于找!对!马!

在信息爆炸的时代,强弱关系就形成了一个对比,很多观点认为互联网时代的机会不在强关系上面,而在弱关系上面。因为,强关系得到的信息、资源大体趋同,只有弱关系才会给你一些新的信息与资源。

因此,很多人做了大量的互联网营销,比如建立微信号、微博号,建立一些流量的入口。这个逻辑本身是没有错,但我认为你只有把身边的强关系运用好,才需要去接触更多的弱关系,而建立弱关系的最终目的也是为了深化成强关系。不信，你可以试一下。去跟一个弱关系借 100 万，你看人家愿不愿意借给你，大多数情况是不会的。当然，不排除也有这种可能性，但概率如同中彩票一般。

▶ 如果你真的需要 100 万，你第一个想到的会是_____。

肯定是你的父母、家人或者是你的同学、朋友，这就是强关系的力量。所以，我们首先在资源整合的时候不要想太远，先把眼前的强关系运用好，就会产生立竿见影的效果。我一直强调，潜意识营销的关键在于以强打弱，以多胜少。这是一个基本逻辑！你可以试着想一想，马云如果没有十八罗汉，他的企业会怎么样？马化腾如果没有父母融资 50 万元，那结果又会怎么样？

耐克创始人菲尔·奈特在《鞋狗》一书中提及，他的成功完全取决于父亲的支持。亚马逊的杰夫·贝佐斯也一样。这些伟大的企业家都是运作强关系的高手，通过把强关系不断地演化、不断地延伸，塑造了一个又一个商业奇迹。

▶ 各位一定不要忽略你身边的强关系，所有善于资源整合的高手都是运用强关系的高手，而不是运用弱关系。以弱打强你会输得很惨，但是以强打弱你就会轻松胜出。

很小的时候我就听过一个故事。一个父亲带着他七岁大的儿子在整理后花园。他们遇到一块很大的石头埋在土里面，父亲觉得这是教育孩子的一个很好的机会,于是他要求这个孩子把石头挪开。

这个孩子推了半天,石头仍然纹丝不动,他就聪明地在地上挖了一个洞,然后把一根木头插进了洞里,把另外一块小石头垫在底下使劲地往上撬,但这块石头仍然一动不动。很明显,这个孩子的力气不足以撬动这块大石头。孩子就告诉父亲自己搬不动。父亲在一边看得很清楚,但是仍然告诉他要用尽全力。这个孩子就用尽了全身的力气,脸憋得通红,然后把整个身体都压在了这根木头上面,但是石头仍然纹丝不动。孩子很累,失望地坐了下来。这时父亲走了过来,和蔼地问他:"你是不是用尽了全力?"孩子说:"那是当然的,我用了全部的力气。"父亲温柔地拉起孩子的小手说:"不对,儿子你并没有用尽全力,我就在你的身边,但是你却没有向我求助。"

▶ 有时候,我们就是那个孩子,判断一件事情能不能做到,往往是看自己能力够不够。其实一件事情的达成,谁又规定只允许用自己的能力呢?为何不借助家人的能量呢?

你完全可以借助更多的力量和资源来帮助你完成这件事情,学会借力而不是尽力。你个人的力量始终是有限的,但是别人的力量却是无穷的,你完全可以借助更多人的力量来帮助你达成目标。移动互联网时代,一个项目、一个品牌、一个产品或是个人轻而易举地实现成功,最快的办法就是寻求别人的支持和帮助,大家齐心协力地去完成。聪明的人善于借助他人的能力和智慧，并且取长补短，为我所用。

我人生第一套房子是在2006年买的，当时工作了一段时间，有一定的积蓄，我觉得如果不买套房子的话，这些积蓄很快就会被我花掉。我把这个想法告诉了妈妈。她就跟我讲，那去买一套房子嘛。我说还差一点点钱，妈妈就很爽快地说她借给我就好了，接着问我要买多大的房子。

我说我只要买一个50平方米左右的单身公寓就够了。她却跟我讲："你可以买个100多平方米的，如果你没有钱，我可以支持你。"我只看到了当时自己的能力，而我的妈妈却看到了五年、十年之后，这就是眼光的长短之别，她的"时间线"技术比我好。

那是13年前，因为我做事很努力、很用心、很坚持、很愿意付出，我在同龄人当中是高收入者，但是我却不甘于拿一份死工资，我想和老板一起去创业，所以我是要储备一些资金的。当时我买的那套房子只有46平方米，每个月还贷款450块钱。现在看来这笔贷款是个小数目，但是在当时，我仍然觉得会不会到时候赚不到钱，还不了贷款呢？

每个人都会有恐惧心理，我也不例外。如果我买一个大一点的房子，那每个月贷款要还1000多块钱。所以我就拒绝了妈妈的好意，买了一个46平方米的房子。现在10多年过去了，我随便吃顿饭、发个红包都不止1000块，偶尔也会想，当年如果多买几套房会怎样？

人是要以发展的眼光看待自己的，而不是以永恒不变、故步自封的眼光来看待自己。第二年，我又买了一套房子，大概是100平方米，那时候的贷款每个月要还接近2000块钱，但是我非常轻松地就完成了。又过了一段时间，我在市中心的位置买了一套空中别墅，大约有500平方米，再后来……

▶ 如果你要实现某个目标，单靠个人的力量是很难完成的，你一定要学会借助别人的力量、别人的智慧、别人的意见，而不是自己想尽办法、拼尽全力。举个例子，你现在要去抬两个大音箱，你如果一个人去搬，根本搬不起来，就算勉强搬起来了，你也不会走得很远，一不小心还会伤到腰。这个时候，如果你借一辆小推车，把音箱放到推车上面，你会很轻松地把它推起来。

七年赚七套房并不是很难，关键是你能够借助多少人的力量，以及有多少人愿意支持你。赢得别人发自内心的支持，才是实现目标的关键。所有的潜意识营销高手，都是经营人心的高手，那么，为什么不从自己的家人开始呢？

我之所以每年要买一套房，主要原因是工作室的发展需要。当时，我算了一笔账，如果我不买房，那么，我的租房费用≈还贷金额。与其这样，不如咬牙把它买下来，然后再租出去用租金还贷款就好了。以当时的房价来估算,我身边很多朋友都可以买几套房,只是,他们没有进行仔细的计算及详细的规划。心不唤物,则物不至。还记得吗?

练习三:借助教练的能量

找最厉害的人来激活你的潜意识

▶ 血统就是身份,血统就是权力,血统对潜意识起到的影响是超级巨大的,而选择一个权威的教练,也就意味着你有权威的血统!

我非常喜欢听一些老人家讲老话,因为这些老话既然能够流传数千年到现在,肯定有它存在的价值。有一句老话叫作"名师出高徒",这是人人都知道的,但做到的人却不多。

中国文化博大精深,文化的关键点就是师父传给弟子,是一个"传帮带"的过程。你可以看一下,在春秋战国时期,有很多厉害的人,比如说孙膑、庞涓、苏秦、张仪、商鞅、李斯、徐福,等等,传说他们的老师都是一个叫鬼谷子的人,是春秋战国时期著名的道家、兵家、纵横家,被后世誉为通天奇才。如果你找到了名师,你的师父很厉害,你的师兄很厉害,你自然也差不到哪里去。有趣的是,整个战国时期的战争就是鬼谷子这帮徒弟之间的斗争。

东汉末年的名士庞德公，他与徐庶、司马徽、诸葛亮、庞统关系比较好，因为年纪比较大，所以被他们称为师长。庞老师就帮这群小伙伴取了一个品牌名，诸葛亮的"卧龙"、庞统的"凤雏"、司马徽的"水镜"等品牌名，都是庞老师所起，同时他还写了一句广告语，说是"卧龙与凤雏得，一人可安天下"。

一个好的老师能够给你一个"名门正派"的血统，同时，能够让你的品牌名扬四海，客户主动找上门来。说来说去，人生其实就是"找对圈子干对事"，就这七个字。找对教练，就是找对圈子，就是找对血统！

一、通过介绍找教练

你可以找到 10 个朋友，让每个朋友推荐三个教练作备选，这样，你就可以从 30 个教练中找到最适合你的教练。

▶ 你能跟随什么样的教练，你就有什么样的事业、什么样的平台、什么样的资源、什么样的机遇、什么样的机缘。所谓的因缘和合，这个因就是你和谁在一起，它就会产生什么样的缘，它就会结什么样的果。我一直有一个观点，就是你一定要尽可能地跟最优秀的人在一起，哪怕是想尽一切办法，一定接触到最好、最顶尖的思想。

二、通过网络搜索找教练

一般的名师,都比较有名。尤其是在互联网时代,你只需要将行业关键词输入后加上"培训"二字,就会出现教练的信息。

你希望老师怎么帮助你,你首先就应该怎样去感恩老师。你必须先付出才会有回报,没有付出就一定不会有回报。你进入社会想找名师,让老师去辅导你、去提升你、去帮助你。你总得给别人一个理由吧。我总结出三个方法。

1. 言思可乐:你说的话让别人开心,让别人心里舒服。
2. 行思可道:你所做的事情能够让人津津乐道,赞不绝口。
3. 多送礼物:礼多人不怪。

▶ 一定要做一个报恩的人,只有报恩才会让你变得更强大,才会有更多人去支持你。换位思考一下,你会去帮助一个不懂得报恩、不懂得说话、不懂得付出的人吗?

你不会!那么其他的教练也不会。马云说,你要这样想:别人帮助你是不寻常的,别人不帮你才是特别正常的事。

吕洞宾是铁拐李的学生,他跟随铁拐李学了一千年以后终于把所有的法术学到位,出师了。吕洞宾跟铁拐李开玩笑讲:"师父你这个水平不行啊。"铁拐李问他:"为什么?"他说:"你一千年只教了我这一个学生，效率太低了。"铁拐李笑了笑，说："你也去找一找吧。"结果吕洞宾下到凡间找了几百年，一个优秀的学生也没找到。

很多时候，"伯乐常有，而千里马不常有"。名师易找，高徒难求。一个杰出的学生真的要合师父的心意，一定要先了解师父所要的是什么。

▶ 他要的并不是你给他多少钱，而是尊重，体现出你的态度，以及报恩的心。你没有忘记师父，师父也不会忘记你。

三、找教练尽可能付费学习

寻找教练最有效的方式就是去听讲座，真的，我每年都会花钱去听课程，连续10多年了，而且，免费的课程基本是不会去的。我有很多朋友从事教育培训工作，很多收费课程他们都免费让我去听。我就跟他说："你这课程不要送给我，我一定要交钱，你如果送给我，我就不去学了。"为什么？

1. 没有投入，就没有回报

自己付出了代价、付出了成本，就会更认真一点，就会更珍惜一些，就会静下心来认真去学。如果是免费课程，可能我就没有这种投入的状态。

投入得少，你收获得必然少。花少量的钱，你可以节约更多的时间。很多时候我们去找一些免费的资源时会得到无数个版本，非常的碎片化。其实人生最重要的是自己的生命，是自己的时间成本。学习不付费，永远学不会。当免费资源越来越泛滥的时候，付费学习反而成为一种趋势，因为花钱能换得更高级的服务与课程。

举个例子，你去看视频网站，你花很少的钱，其实是在节约你的时间。比如说一个广告是60秒钟，长年累月下来，你一年可能有十几个小时都在看广告，但你把这十几个小时节约下来以后，你得到的提升将远远大于你这一点点的费用。

高人指路，少走弯路。互联网上免费的课程有很多，但我们学了以后往往没有多大的价值，主要是我们获得的信息质量并不高。大部分的免费讲师都很年轻，他知道的他能说出来，但是他说不出原理，总结出来的经验也非常表面化，没有深入，没有自己的总结，而且说了以后往往落不了地，甚至会告诉你一些误区，反而会误导你。反之，有经验的老师、一些付费的课程能够真正启发你，能让你举一反三、举一反十，能够帮你解决当下的问题，甚至能够帮助你把类似的问题也解决掉。

2. 收费也是一个筛选的门槛

我经常上收费的课程是因为能够认识一帮同频的朋友。同学的资源是非常重要的，课程的收费越高，它的人脉就会越集中，而且黏性也会越高。当然，上免费课程也能够认识一些朋友，但是两个圈子的质量是完全不一样的，所以有人花钱去上商学院，去上EMBA，其实更多的是去认识一帮人。愿意为知识付出高额代价的人，会有一些共性。而且收费越高的导师，他的经历往往越深厚，导师本身也是一个资源。

3. 学什么，比怎么学更重要

不知道你们的身边是否有这样的朋友，突然开始学英语，结果学了一两年却从来没有用过，也没有出国，只是因为其他人在学英语，所以他们觉得有必要跟着学，我看这就是学习焦虑症！

我的学历并不高，参加工作之后也思考过要不要再提升一下自己的学历水平。2016年，我报考了母校MBA工商管理学硕士研究生的考试。前期的复习准备也花了不少的时间，但是在考试的那一天早上，我起得很早，就在思考学习的目的是什么。

学习不是为了面子，不是为了学历文凭，而是为了实用与实践，是为了能力。我想了一下，如果我去读研究生的话，可能跟我的职业生涯规划并不相同，所以，我就果断地放弃了，那天连考场都没有去，成绩全部是0分。后来，遇到母校的曹一家校长，他开玩笑说："幸好你没搞学术，现在不是以学历论英雄了，我看你搞得蛮好，走自己的路就好。"

▶ 曾子有一句话讲得特别好："用师者王，用友者霸，用徒者亡。"这句话的意思是领导者要非常谦虚，尊重有贤能的人为老师，从而王天下，例如周武王用姜太公并尊为国师，之后文王逝世武王继位后，又尊姜太公为尚父，齐桓公尊管仲为仲父，燕昭王用郭隗，都是用师。找最厉害的人来激活你的潜意识，你才能成为更厉害的人。

你的教练是＿＿＿＿＿＿＿＿＿＿＿＿＿＿＿＿＿＿＿。

你打算如何与他合作＿＿＿＿＿＿＿＿＿＿＿＿＿＿＿。

运用刻意练习的方法，来学习潜意识营销

从废柴到天才，缺的就是刻意练习的方法和"开练"的决心而已。本书就是营销领域刻意练习的落地版，结合潜意识营销体系，将其总结为五大要领：

一、制定目标

比如，有人说要减肥，多久时间减多少都不知道，你相信他会成功吗？很多事情，它的目标不够明确，那么，一开始可能就错了。现在，你应该理解我，为什么不断地强调如何七年赚到七套房了吧。对，有目标胜过无目标，长远目标胜过短期目标。

二、寻找老师

我学习任何一项专业知识，在确定目标之后，就会想尽一切办法来找最好的教练，因为好的教练会有好的方法，好的方法会有好的结果。

三、练习方案

先有死记硬背，后有举一反十。先将知识体系变成索引和模块，储存在自己的潜意识，再加以反复训练，变成肌肉记忆，变成潜意识深处的条件反射，变成本能，才是刻意训练的关键方法。以背书为例，有方法和没有方法就会有天壤之别。我总结了一个快速记忆的方法，叫"十二生肖部位记忆法"，主要运用了快速记忆的定桩串联法、代码联想法，如需引用请注明出处。

《认知天性》一书中提及万千智慧始于记忆，我们需要不停地给"知识链"打上"记忆结"，用它来对付遗忘曲线。同时，有间隔的、安排穿插内容的、混合式的练习，以及其他学习方式会有种种不便，却也能换来更牢固、更准确、更持久的学习效果。心理学家比约克夫妇创造了一个词，来描述那些能换来更牢固学习成果的短期麻烦，即"合意困难"。

▶ 你信不信，我能够在一分钟之内，让一个不会背十二生肖的人能够快速背下来且终生不忘？其实很简单，只有两个步骤：

1.定桩串联法

我把人体分成正反两个面,从前到后,从上到下,顺序依次是:眼睛→鼻子→牙齿→嘴唇→胸口→腰→腿→踝→后背→屁股→头,OK,这些都是不用记的,因为你很熟悉,而且,又有规律。你可以站起来,按照这个顺序对应自己身体的部位,练习一下。

2.代码联想法

把这些知识关联起来就是贼眉(鼠)眼→(牛)鼻子→(虎)牙→(兔)唇→(龙)胸→(蛇)腰→(马)腿→(羊)蹄/踝→(猴)背→(鸡)屁股,放了(狗)屁→熏倒了一头(猪)。如果没有理解,不用着急,一个生肖一个部位,对应起来就好了。

三大原理怎么记?

超级营销(超级)→超级品类(评)→超级词语(语),脑补画面:超级评语(谐音)

六大步骤怎么记?

超级正念(超级)→发现定位(定位)→三大创意(创意)→五步拓客(拓客)→价值变现(变)→口碑裂变(变),脑补画面:超级定位,创意拓客,变变变。

五步拓客法怎么记？

达到（达）→成交（成）→稳定（稳）→增长（增）→联盟（联协议），你只需要在大脑里想象一张打印纸，上面用很粗的字体写着"达成稳增联协议"就可以了，你只需要记住这个画面，那么，你就记住了获得顾客的五大核心知识。

把知识链打个记忆结，练习一下：九大能量怎么记

以上只是我根据个人的记忆习惯采用的编码，大家可以基于原理自己来重新整理，也期待大家将自己的编码分享给身边的朋友。如果你有练习，相信大家不知不觉中，已经将《开练》一书的重点知识点基本背完了。恭喜你！

如果你记不了这么多的内容，OK，整本书，你只需要记住一句话就够了，那就是"越倒霉，越努力，越神奇"，信息简化为"倒立神"，脑补一下。记忆其实就是"记 + 忆"，记是输入，忆是提取。回忆比记忆更重要！

在这个过程中，可以将数字转为文字，文字转为图片，图片转为影像，影像转为感觉。营销心理学是一项综合学科，要阅读、记忆的内容非常多，如果不掌握这种记忆方式，就会学得很累，而且记不住，也用不上。

▶ 聪明人都在用笨办法，但是愚蠢的人总是在找捷径。这个

世界上聪明人非常多，但是愿意下笨功夫的人特别少，所以成功的路很宽广，因为能够做到的人实在太有限了。靠谱的人千篇一律，不靠谱的人各偷各的懒。

曾国藩的读书方法非常简单：一句读不懂不读下一句，一本书读不懂不读下一本。恰恰是这种笨办法，让他的基本功非常扎实。科比·布莱恩特每天凌晨四点开始练习；莫扎特六岁第一次作曲的时候，他的爸爸已经给他训练超过 6500 个小时；股神巴菲特在 2011 年投资 IBM 之前，看过 IBM 50 年以来所有的年度报表；丁俊晖从八岁开始练习台球，平均每天练习 10 个小时，18 岁那年他已经练习超过 17500 个小时。

四、获得反馈

在营销过程中，我们要不断地建立外部思维，潜意识营销的目的是占据受众的潜意识，需要站在接受者的角度来思考问题。还记得我提到的 100 个红苹果吗？发动粉丝的力量来获得反馈，是最有效的方法之一。

五、拿到结果

运用刻意练习的方法，不仅仅可以用来学习潜意识营销。这套方法，你可以教给你的小孩，能够有效减轻他的学习压力，提高学习效率。学习力决定能力,能力决定收入及影响力。如果你已经掌握了这些方法,那么,更重要的是走出舒适区,不断进化,不断开练。

▶ 潜意识营销开练清单四:采访数十名世界级运动员总结而成

五练清单	练习分类	流程要点
制定目标	心态管理	1. 练习三要:要产生兴趣,要变得认真,要全心投入。
	目标管理	2. 目标大小:尽可能制定一个大且长远的目标。 3. 目标分解:将其分解到每年每月,形成小目标。 4. 聚焦优势:基于自己的优势基因进行练习。
	目标奖罚	5. 关于奖励:完成目标后奖励。 6. 关于处罚:未完成目标的处罚。 7. 目标监督:最好以打赌的方式寻找监督人。
寻找老师	寻找队友	8. 寻找标准:尽可能找比自己厉害的队友。 9. 寻找途径:身边的朋友圈或共同爱好的社群友。 10. 人数限制:最好控制在 3—7 人一组。
	寻找老师	11. 寻找名师:尽可能地接触到最优秀的思想与训练方式。 12. 付费学习:没有交学费,永远学不会。
练习方案	练习时间	13. 日常训练:建议 2 天 1 练,每次 60—90 分钟。 14. 冲刺阶段:可以尝试一周 5—6 练,一天 3 练。
	练习技巧	15. 聚焦一点:每次练习只聚焦一个点,打穿打透。 16. 念动一致:潜意识意念和身体要同时开练。 17. 记忆模块:形成自己的记忆模块,并且不断叠加。 18. 举一反十:在原知识体系的基础上进行创新。 19. 不断复习:练习的关键在复习,不断地复习。

续表

五练清单	练习分类	流程要点
获得反馈	正面反馈	20. 自我反馈：将前后练习结果进行对比，并改进。 21. 参加比赛：和小伙伴比赛或参加考试。 22. 学会输出：教是最好的学，没有输出等于白学白练。 23. 实践运用：现学现卖，最好能够价值变现。
拿到结果	永不放弃	24. 达成目标：奖励自己并制定更高的目标，走出舒适区。 25. 挑战失败：找到关键原因，并加以改良，再次挑战目标。

练习四：借助同学的能量

三大方法，赢得大家的支持

要想获得成就，就一定需要大家的支持，尤其是比你强的人。在我看来能够真正做到堂堂正正做人，老老实实做事的人实在为数不多，如果你有机会遇到有这样价值观的伙伴，你一定要珍惜他，在他身上投资并花时间与他相处，他会给你创造巨大的价值！

▶ 系统→身份→思维→行为→结果。在一个系统里面，你拥有什么样的身份就会有什么样的认知，就会有什么样的思维与行为，最终有什么样的结果。借助集体潜意识的力量，将军在战场上的命令,士兵必须无条件地服从,那么,在同学之间我们该如何借助身份的力量呢?

一、争取身份

当班干部,为更多人提供服务。不管是在技能培训班,还是在 MBA 或者是任何一个学习型组织,敢于承担更大的责任,必然能够拥有更多的权利。有很多科学家、企业家或是领导人,在中小学时代都当过班干部,是积极活跃分子。那为什么强调大家要当班干部呢?

其实你的责任有多大,你的能量就会有多大,你的未来就会有多大。你如果能够帮助 10 个人,你就可以做 10 个人的领导者,你帮助一千人就是一千人的领导者,你如果成就一万人,就可以成为一万人的领导者,你如果能够成就一亿人,你就能够成为一个非常大的企业家或者领导人。

美国 2005 年的一项研究显示,在美国高中担任班干部对孩子的将来有积极的影响,和从未担任过班干部的孩子相比,班干部将来的收入比其他同学高 4%—33%,接受高中以上的教育年份要长半年到四年,所以他们的学历将会更高,收入也将会越来越高。可惜的是,在中国有个观点是学习成绩更重要。

在任何一个群体里面,负责人其实就是一个权力,就是一个身份。他掌握了支配权、处罚权和分配权，这不单是为了当官，更是一种责任心。当一个班干部，有利于培养你的责任感，养成关心人、帮助人的良好品德。

这是一种非常重要的精神财富，它有利于督促自身的学习与成长，获得长期的动力，这是父母教育很难达到的。它还有助于培养自信心和克服困难的意志力，同学们的拥护、老师的信任可以增强信心，培养人际交往能力、组织能力与应变能力。

二、成为专家

▶ 永远不要忘记，你占领的超级词语是＿＿＿＿＿＿＿＿。

我希望所有的朋友，在做任何事情之前，先考虑一下，这件事情是有助于你强化这个词语，还是模糊了这个词语。

不管是在同学圈还是在朋友圈，你可以看到，往往只有专家才会有更多的话语权与影响力，因此，你要在同学们的印象中，强调自己专家的形象。不然，你所有的付出，都将失去意义。身边有很多积极分子，一天到晚在帮忙对接各项资源，自己非常累，也没有陪伴好家人，忙来忙去，结果是一场空。

其实，赢得支持的前提是要赢得别人的尊重，别人不尊重你肯定就不会支持你。要赢得别人的尊重，首先你得有自己的绝活，对他人来说有一定的价值，别人才会支持你，才会帮助你。一个人的成功有两大关键，一是专业，二是人品。成功者之所以成功，是因为有很多人希望他成功，所以，你能赢得多少人的支持，你就能获得多大的成就。

和什么样的人做兄弟，就能住什么样的房子

▶ 有效果比有道理更重要。我们很多时候在不停地讲对错、讲道理，实际上，这没有任何意义，纯属浪费时间。举个例子，有两个人各站一边，然后中间写个阿拉伯数字，从一个人的角度看它是 6，但从另外一个人的角度看它就是 9。

我们从小接受的教育是有理走遍天下，无理寸步难行，很多时候我们会跟别人讲道理，其实多讲效果才对，有效果才比道理更重要。邓小平先生的话就非常有智慧，不管黑猫白猫，只要能够抓到老鼠的就是好猫。只有拥有这样的信念与认知，人生才会不停地去创造结果，而不是创造道理。

近朱者赤，近墨者黑，交朋友一定要慎重。我要求自己堂堂正正做人，老老实实做事，也会以这个标准来要求我身边的朋友和同事。每个人都在不断成长，朋友圈也需要不断地升级换代。

我在广州有一个特别铁的同学，创业的那段时间我在他家住过大半年。他们家在中大北门附近，是亚洲十大豪宅某海湾，离珠江

大约 50 米，江边上还有一艘他新买的游艇，价值数千万元，车库里停着兰博基尼、劳斯莱斯、保时捷等四辆豪车。我问他让财富倍增的秘诀，他打开一瓶拉菲对我说："你的收入等于你最好的五个朋友的平均值。如果你身边的同学都是百万富翁，那么，你就有可能是百万身家；如果你身边的朋友都是亿万富豪，你就可能是亿万身家。"

▶ 换言之，你的同伴是什么级别，未来你的邻居才可能是什么级别。你和谁做朋友，未来你就能和谁做邻居，你就能住多大的房子。

认识我的朋友，都知道我的父亲过世得非常早，在我 20 岁就走了。当时，弟弟才 14 岁，长兄为父，为了他的事情，我与妈妈可以说是操碎了心。一转眼，他 25 岁了，身高不足 170 厘米，体重居然不到 35 公斤，月收入 3000 元左右，顶着一个爆炸头，乌黑的熊猫眼一年四季粑着几坨米粒状的眼屎，夹着人字拖，迈着外八字，时常发出猥琐的笑声，人送外号"牙签帝"。只有我知道他小时候的外号叫"包子"。昔日包子变牙签，岁月对他而言不是猪饲料，而是一把加了沙子的蔬菜沙拉，特别硌人，也没有能量。妈妈说他是烂泥巴扶不上墙，长辈们说他是还没有长大，不懂事。

之前，家里有一笔拆迁款，被他拿去炒股亏了大半，名下无房无车，妈妈一度认为他将孤独终老。面对这样的弟弟，我也是一言难尽。每个年轻人都会有一个叛逆期，弟弟似乎发育得晚，连叛逆期都比别人长许多，或许因为身高、体重，他一直找不到特别好的工作，因此只能在快递公司做客服。

▶ 我多次用过"时间线"技术去干预他的认知，结果收效甚微。后来，我想到了"系统→身份→思维→行为→结果"这个公式。如果你想改变一个人的结果与命运，最简单的方式，就是为他重新选择一个系统，借助集体潜意识的能量来改造他。

思前想后，我花了不少的钱给弟弟换一个系统，让他去参加国家级退役运动员的健身教练认证培训班，让他和世界冠军们做同学，让他感受一下世界级运动员的竞技精神，以及刻苦练习的精神状态。

在退役运动员培训班这个系统里，他有了一个"运动员"的身份，他会产生相应的"拼搏"信念，并且，通过长达两年的刻意练习，掌握了国家三级公共营养师及国家中级健身教练技术，他的体重也由35公斤增长到63公斤，几乎翻了一倍。因为一个人的身心是相互影响的，所以他也由过去的自卑走向了自信。再后来，他的一位同学给他介绍了一份健身行业的会籍工作，他们店恰好在长沙顶级的江景物业。因此，他从运动员健身培训班的系统又进阶到健身房的系统当中去了。

一年后，妈妈在一次常规体检中发现了心梗风险，于是，我与弟弟紧急赶回家去，顺便见一见老弟的相亲对象。

结果，一见面才知道这完全是弟弟的一厢情愿，对方根本没有和他"谈"的想法。那个下午他备受打击，我在妈妈的病床上，拿起了一支笔，画了一段七年的时间线，指着七年后对他说："你要好好努力变得更强，你要成为全长沙市健身行业的销售冠军，那时候，你就能够吸引到最好的女孩了。"当时，妈妈还躺在床上笑话我："那么好的女孩子怎么会看上你弟弟呢，连一个小护士都瞧不上他哟。"我的姨妈也笑了。大家都当我是在说一个笑话，但是，我从弟弟的眼神中，看到了不一样的光彩。

我私下里语重心长地对弟弟说："越倒霉，越努力，越神奇！"

大约半年不到，突然有一天他告诉我他谈了一个女朋友，是他的同事，就住楼上，有数套房产、数个车位，父母经营酒店事业。这件事情，令我们整个家族都深感意外。我打开日历对老弟说："很好，你想办法在 2018 年 8 月 8 日领证吧，两情若是长久时，还不结婚等何时？"大半年过去了，他们最终选择了 2018 年 8 月 10 日领证，那一天，我的儿子东东满月，一切都是那么神奇！人逢喜事精神爽，结婚的那天，"牙签帝"穿着一袭蓝色韩版西服，白衬衣配红领结，显得格外精神，看上去像一个刚留学回来的韩国"思密达"，连眯眯眼都显得是那么低调而奢华，颇有袖珍版 Rain 的调调。

和什么样的人做兄弟，就能住什么样的房子。前不久，弟弟对我说："哥，太感谢你了，你让我少奋斗了 20 年。"因为改变了系统，他平均每个月的收入是之前那份工作的六至七倍，并且非常稳定。他把潜意识营销的秘诀告诉了他的太太，我相信，他们的家庭收入又会有大的突破。这家伙，居然还学会了举一反十。厉害！

那么，可以支持你的三位兄弟是＿＿＿＿＿＿＿＿＿＿＿。

练习五：借助公司的能量

月薪如何从 800 元涨到 80000 元

日本"经营之圣"松下幸之助曾问过他的员工："如果公司付给你一万块钱，你该做多少事情才对？"

▶ 很多人都回答："你给我一万块，我就帮你做一万块钱的事情。"松下幸之助说："如果真的是这样，公司就会开除你。因为给你一万块，你就做一万块钱的事情，那公司就没有利润，所以公司在赔钱，因此公司就不会要你，你当然一分钱也赚不到。如果你只是物有所值，这是远远不够的，你一定要做到物超所值。"

你工作的价值要远远超过老板付给你的钱，这样才是真正的利他。现在很多大学生一毕业就要求月薪八千、一万甚至更多，但是你想过没有，你要公司这么多钱，你如何给公司创造更多的价值呢？

一个企业要想获得盈利，唯一的途径就是创造价值。比如说你想七年赚七套房，那么你就要帮助你的客户一年至少赚三到五套房，这样他才可能分一套房给你，要不然他跟你干就是在亏本，这样的合作一定不会长久。

不管是车间里的生产工人，还是一线的营销人员，或者是一名CEO，你都必须要明白，物质交换的基本道理，就是凭借自己的价值创造来获得报酬。提供报酬的其实不是老板，而是客户、是市场，所以很多时候，如果你觉得工资没有达到自己的期望值，你可以先问一下自己究竟给这个企业创造了多大价值。

如果只是在敷衍自己的工作，敷衍自己的老板，最终将会一事无成。大家一定要告诉自己的潜意识，工资的多少不是老板给的，而是自己创造的。

一、月收入如何从 800 元涨到 5000 元

你还记得吗？2004 年，父亲因病过世后，我就下了决心离开古城出来闯一闯。第一站，我到长沙来找工作。第一份工作第一个月的收入只有 800 元，但第二个月就增长了 50%，到了 1200 元，第三个月的收入在此基础之上增长了 400% 以上，超过 5000 元。

很多朋友都很好奇，我是怎么做到的？

其实，也并不容易。我当时是做一个 DM 杂志社的发行员，公司是一家上海发展过来的 DM 杂志，专门做直邮，但它却没有用户渠道，也没有专项的发行渠道。

第一次发杂志真的很惨，也很危险。老板让我们站在马路中央，就在文艺路十字路口，在等红绿灯的时候，我们就给司机塞杂志，一本本地把杂志扔进车里，冒着生命危险一个月赚 800 元，这就是我人生的第一份工作。

我发现杂志这样扔，第一很廉价，第二没有用，第三很危险。于是我一直在思考怎么找到出路。商家最关心的是千人成本，所谓的千人成本指的是在一家报纸上，让一千个人读到这份广告需要的成本，其实这个概念适用于任何媒体，例如报纸、杂志、电视、海报、电台、电影和互联网。每个媒体都有其自身的特点，例如杂志的发行量虽然没有报纸大，也没有报纸时效性强，但是杂志图片精美、信息量大、保存时间更长久，而且行业期刊可以更针对目标人群。

当我没有好办法，感到迷茫困惑的时候，我就先去看看同行们是怎么做的，因此就做了一个简单的市场调研。经过调研我发现，这个行业里面其他的 DM 杂志都有发行渠道，要么放在餐厅里面，就么就放在茶楼里面，要不就是放在一些社交场合。于是我就在想，他们放在餐厅里一个月只有三五个人会看，我如果要放，我就要跟他们不一样，要有差异。我就一直在思考，哪里的人流量最多呢？

首先是出租车，其次是高速路上的豪华大巴。于是，我就跟老板建议，我们能不能把杂志放在出租车上，或者是高速路的豪华大巴上面？

老板觉得这个小伙子挺有思想的，就给我加了工资，从 800 元加到 1200 元。然后他就说："那你去谈一下吧。"

我一直认为脱贫比脱单更重要，不谈恋爱也死不了。大学二年级的时候，我就一直在考虑如何脱贫，开始从事促销与调研工作，积累了一定的社会实战经验与营销学知识。三年后，当我做这份发杂志的工作的时候，虽然只有 20 岁，还是一个小毛孩，但我积累了一定的社会经验，蓝灯的士和湘高速大巴都是我去谈的，谈判的第一个关键就是暗示自己，我能行，能谈成。

其次我找到一个身份。我跟他们介绍我们杂志是国内 DM 杂志排名前三名的《××通道》，我们是一个媒体，然后就跟他洽谈一个互利的合作方式："你让我把杂志放在车里面，这样每一位乘客就可以打发时间，可以阅读，提高了你们的服务质量。而且，我每期送一个版面的杂志内容，给你们做公司的宣传，这样就能够提高公司的形象和订票率。"

谈判，其实比想象的容易多了。当天谈，当天就签了合同，我们签的合同都是排他性的，所以，瞬间我就把杂志的传播率翻了100倍以上，可能高的时候能翻1000倍。但是公司却只给我加了400元工资，刚好是二分之一，你说我气不气？有没有意见？

嘴上虽然不说，心里肯定是不舒服的，但是妈妈一再告诫我做人要感恩，更要报恩，父亲离世后我能进入这家公司全亏了同学的介绍与担保，所以，我要感恩，我要继续努力。

▶ 刚进入职场的年轻朋友，要相信"敢比会更重要"，要敢想敢做，敢为天下先，并深信"越倒霉，越努力，越神奇"。没有谁一开始就会市场调研、营销战略、商务谈判、企业运营、媒体传播这些技能，就是因为自己想学、要学、爱学，才慢慢掌握的。

另一方面，在考虑了杂志的发行渠道问题以后，我开始研究杂志的内容问题。我觉得当时杂志中很多内容都是硬广告，那么，能不能把广告做得更人性化、更软一点、更有故事性与可读性？于是我写了很多软文，没想到我的客户看到了，觉得我文案写得很好，就安排人去挖我，问我能不能去他们那里上班，我拒绝了。客户又说："那你能不能做兼职？"

我就问公司老板，老板说："做兼职没问题。下了班，你可以做任何事情。"结果我就做两份工作，主业是2400元/月，我的兼职工作却是3000元/月。所以，第三个月的时候我就赚到5000多元钱了，而且公司的老板让我跟他吃住在一起，住的是一套两室一厅的小房子，通过近距离的接触，我学习到更多的实战营销方法。

▶ 很多时候想提升你的收入，唯一的办法就是给公司创造更多的价值，创造了更多价值，如果公司不给你加工资，老天也会给你加的。

二、月收入如何从 5000 元涨到 80000 元

我做每一份工作，在跟企业谈好了薪酬待遇以后，假如我做的事情的价值远远大于我的收入，不用讲，老板是非常聪明的，就会给我加工资。但很多时候，如果我所做的事情的价值没有达到我的收入水平，我会主动要求，要么把工资降下来，要么就多请我的老板和同事去吃饭、去娱乐，反正要让他们感觉赚到了才行。

▶ 最厉害的精明是厚道！是老实！

人生不如意十之八九，很多时候，就算你努力了、拼命了，却依然没有好的结果。这时，我们首先要冷静下来，确定自己的超级品类有没有出错，确定自己的超级词语有没有问题。其次，深信越倒霉，越努力，越神奇，发起下一次冲刺。

我曾在美妆行业两家大公司任职过，因为各种原因而离职，每一次离开的时候我都会把老板交代的事情一一办好。比如说一号离

职，我会把工作交接做到位，往往最后的一段时间都是免费在给老板办事，我不要一分钱，也会把所有事情做到位。我愿意出差，出差的时候我只会报销往返的车费，其他费用我一分钱都不会要，很多时候还需要自己倒贴费用来干活。因为，妈妈和我说过，做人要有始有终。

我干第一份工作离职时，有近20天没有领过公司一分钱，总经理居然私人掏钱要给我补上，我没有要，然后我们公司的副总经理就给我做了担保，给我介绍了我的第二份工作。居然把一个企划部门的总监介绍给他的竞争对手，可见，他是多么认可我。

因为做事有始有终，做人有情有义，所以公司一直以来都是以我为榜样，一直以来都是以我为口碑，一直以来不断地给我做介绍，所以，这样其实我得到的远远要大于那20天的工资。

▶ 天下无不散之宴席。铁打的公司流水的兵。很多人离职的时候会撕破脸皮，其实这非常不明智，也是非常笨的一种方式，也是大忌。离职的时候，你一定要感恩你的老板，而且去多做一些事情，用行动来报恩，真的，最终你不会吃亏的。

至今，我仍然非常感恩我的老板们。因为在他们提供的平台上，我掌握了营销咨询的全案技术，后来，我在其中一位老板的支持下，开设了一家专注美妆行业的营销咨询工作室，主要从事美妆、整形医院、养生减肥类的品牌策划与会议营销业务。

一开始，我们也没有足够的客户资源。于是，我去问当年的一个前辈，说如果每个月能够让我赚到一万元的话，我愿意每天工作16个小时。

▶ 这个前辈跟我讲了一句话，我记了一辈子："如果你愿意每天工作或学习16个小时，并且一直坚持下去，你很快就会赚到一万元。老老实实做事，真的不会吃亏的。"

这句话当时对我的震撼特别大，让我在很长的一段时间里面学会了勤奋地工作，付出了不亚于任何人的努力。我当时的平均工资大概只有5000元，用了这个方法，我第一个月有没有赚到一万元？

实际上真的没有，我就赚了七八千元，但是也有很显著的提升，让我看到了信心与希望。很多时候人在成长时会遇到一个个瓶颈，闯过去以后就会是另一个天地。在那一个月之后，我静下心来思考了一下，优化了"达→成→稳→增→盟"五步拓客法，尤其是在异业联盟环节，下了不少的功夫。

我找到美妆行业影响力最大的三个DM杂志，在杂志当中开设了一个叫作《唐堂策话》的专栏，之前可能是推广100个人，换了这种方法以后我的读者人数是15000人左右，而且都是我的精准客户。你猜猜看，第二个月我赚了多少钱？

我第二个月赚了 80000 元！那一个月，是我人生中最难忘的。因为，我感觉到自己即将进入一段新的旅程。

▶ 其实，做好口碑真的很容易，就是我妈从小跟我讲的："你要手心朝下，不要手心朝上，你要不断地给别人，而不是向别人要。"潜意识营销其实就是走心，就是人情味，就是利他。

三、从 8 万到 1000 万

很多朋友问我，创业初期究竟是做一个省的市场好，还是做全国市场好？

我举了一个例子，7-11 便利店开新店有一个策略非常好，它会聚焦在一个街区，在不到 200 米的距离就开设一家 7-11，这样做的目的就是通过极度聚焦而让品牌深入人心，同时，运营成本也是最低的。聪明的人会选择做小池塘里的大鱼，而不是大池塘里的小鱼。从入行的第一天起，我就下定决心要做就要做到行业的"头牌"。

我计划用 10 年时间，做到全市第一，全省前二，全国前九。对，就是"129 法则"！就算是在美妆行业，这样一个针对女性的行业，我一个大男人也要整些名堂出来。我下定决心，创业最初的三年，要占据湖南省 80% 的优质顾客，外地客户一个都不接！

第三章 潜意识营销的九大能量

▶ 很多事情的成败，其实从一开始就决定了。潜意识营销的基本原则在于先求不败、赢了再打、以强打弱、以多打少，如秋风扫落叶一般不费吹灰之力。

幸运的是，我一入行就进入省内最知名的美妆集团任企划总监，主管企业招商及全省各加盟店的营销咨询工作，基于此，成立潜意识营销咨询工作室算得上是顺理成章，水到渠成。

美妆行业的优质客户，绝大多数我们都合作过，包括日化线的植美村、自然堂、卡姿兰、娇兰佳人、丸美、温碧泉、兆顺、聚之美，专业线的知音、名瑞、景谊、大金辉、佳莹仪器，全省最具知名度与影响力的美容会所美时慕、南国丽人、康美堂、久美神话、御颜堂、好养眼、梦妮坦、针享瘦等一百余家客户。

以上有些客户，并不是全国性的大品牌，你或许没有听说过它们的名字，但是，因为它们聚焦于一个区域市场，成了当地的龙头老大，10多年过去了，它们仍然过得很滋润，而且，还在慢慢发展壮大。我们曾协助植美村夺得全国三连冠；协助针享瘦一年时间内实现销售利润增长400%；协助康美堂一年时间内销售利润增长800%；协助兆顺公司仅在湖南一省就做到数亿元的年销售业绩……类似的案例不胜枚举，当然，这些功劳主要是客户的团队执行力，毕竟三分战略七分执行。反观一些大品牌，战线拉得太长太大，虽然有过闪耀夺目的辉煌，但是在时间的车轮下，消失得无影无踪。我们并不建议职场新人看太多大品牌的营销案例，因为，它们不大适合普通人，难以落地，反而是些中小品牌、区域品牌的生存之道更有参考价值。

▶ **最有效的潜意识营销战略往往是"降维打击"，选择一些对手看不上、看不懂的市场切入，这些市场一开始可能并不高端，但正因为是山中无老虎，猴子才能称霸王。**

通过三年扎根，我们在省内有了绝对的话语权，之后，慢慢走出了湖南，将品牌势力范围扩散到了华南地区，又陆续与养慕中国、中华美业大讲堂、《中国医学美学杂志》、华山论剑、法国阿琪思等品牌展开战略合作。

在我看来，真正的潜意识营销高手，都是往大处想，往小处做。沉下心来，专注一个细分领域，专注一个区域市场，扎根七年，就会有大的惊喜产生。

吃水不忘挖井人，我从原来的公司已经离职10多年了，但是，这10多年当中，我一直保持着给当年的老板送礼物和拜年的习惯。在客户资源方面，我也会优先介绍给原有企业，最早期的那一批客户，10多年过去了，他们见证了我搬迁、结婚、生子，这已经不单纯是客户关系了，如同朋友死党一般。

再后来，我们决定通过"美妆"升级到"大健康"，同时，以睡眠大健康为切入点，创立了睡眠先生品牌，商业讲课费用是税后5万元/小时，代言为50万元起，获得浙江某集团1000万元的战略投资，已是后话。全世界数十亿人口中只有一个马云、一个盖茨、一个巴菲特，大多数的普通人一辈子都无法成为世界首富。但是，你可以做你自己，守住一个词、守住一片根据地、守住几个死党，你就能轻松地过完一生。小人物也要有大智慧，虽然努力一辈子也干不过大师兄，但我却可以过好自己的小日子，这就够了，不是吗？

虽然这些事情是发生在10多年前，但是，我所说的都是税后收入。另外，这17年来，虽然我们取得了一点点微不足道的成绩，但是，我几乎每天都工作10—16个小时，而且从来没有周末的概念，几乎每一天都在刻意练习，相比我的付出而言，这些成绩真的算不得什么，仍然有很多地方做得不如人意。

我强调以结果为导向，却不以胜败论英雄。很多事，胜可知而不可为，学会等待、学会接受也非常重要，你要允许自己不完美，允许自己失败，允许自己不成功，允许自己拼尽全力后仍然一事无成。至少，我们没有遗憾，这既是对大家说的，也是对我自己说的。

月薪从800元涨到80000元放在现在来看，的确算不上什么，但是，在10多年前对于一个刚毕业的大专生来说，确实已经相当不容易了。你想想看,现在有多少人能够用一年多的时间让自己的月收入翻 100 倍呢?

干一行恨一行,当然赚不到七套房

我们穷其一生奋斗就是为了在人们的潜意识中占领一个词,你在某个行业当中,占领的超级词语是＿＿＿＿＿＿,占据这个词,你就是行业的头牌了。

▶ 潜意识营销不是做加法,而是做减法;不是散焦多元化,而是聚焦专业化。少则得,多则惑。婚姻的最高境界是一生一世只爱一个人,事业最高的境界是一生一世只做一件事。

一、珍惜眼前人,珍惜眼前事

我觉得这是特别有哲理的一句话,你在选择一个行业之前,两只眼睛都要睁开看一看,一旦你下定决心选择了,那你就把两只眼睛都闭上。

大学毕业以后进入职场,我选择的是美妆与医疗整形这个领域。作为一个堂堂男子汉,天天跟女人打交道总觉得有些怪怪的,最初我心里也有些受不了,虽然赚到了一些钱,却不是特别开心。

后来妈妈说:"你有没有别的选择?"我说没有。她说:"这就是你最好的选择，你当下的事就是最重要的事，当下的人就是最重要的人，你不要胡思乱想。人和树一样，要成材必须满足四个条件，一是时间，二是不动，三是根基，四是朝着阳光向上长。"于是我就扎下根、沉下心努力干了几年，才取得了一点点微不足道的成绩。

二、热爱自己的工作与职业

为什么有些人干一行爱一行，有些人却干一行恨一行？

这是因为干一行恨一行的人总是在羡慕别人，眼红别人，总是对自己的工作满怀抱怨，这样又怎么能干出成绩来呢？没有成绩、没有收入、没有影响力，就会频繁跳槽，导致干一行恨一行。但是有些人工作很踏实，脚踏实地做着自己的工作，不断提升自己的专业水平，反而会得到正面的回应，创造出大的价值，获得大的回报，因此，他们往往会干一行爱一行，越干越起劲。

此外，跳槽与年龄也有一定的关系。职场新人往往没有定心，比较任性，工作稍不满意就会跳槽，时间久了以后就形成一个恶性循环，这对他的职业发展是非常不利的。职场老手们经历过了一些选择之后，不大会因为自己的情绪而盲目地去换行业或者跳槽了。

三百六十行，行行出状元。没有干不好的行业，只有干不好的人，所以我建议大家无论从事什么行业，一旦你决定了，就要干一行爱一行。这是一个基本的职业操守,你要好好珍惜自己的工作、尊重自己的职业、忠诚于你的企业和老板。

▶ 就像寿司之神小野二郎说的那样,我们要在潜意识深处反复告诫自己:"一旦你决定好要从事什么职业,就必须全心投入工作之中,你必须爱自己的工作,千万不要有怨言,你必须穷尽一生磨炼技能,这就是成功的秘诀,也是让人家敬重的关键。"这一段话,也曾深深地激励过我,很多时候我坚持不下去了,就会再读一遍这段话,然后对自己说:"越倒霉,越努力,越神奇,加油。"

三、态度决定一切

之前在北京参加禅修时,最后一天禅师都要带领我们"行禅":在一个会场里放一张巨大的圆桌,所有人都围着这个圆桌不停地跑圈,一跑就是几个小时,越跑越快。

刚开始头会很晕,感觉到墙在动、天花板在动,地板也在动,你唯一能做的就是在前面的那个人身上找一个点,专注一个点,你才不会迷失。

▶ 干一行恨一行,是许多年轻人身上共同的毛病。实际上,在这个浮躁的社会,专注一个品类、一个超级词语,才能够长远地坚持下去,才能够最终取得成效,这就是完美人生的不二法门,这就是真正的超级营销。

干一行恨一行，当然赚不到七套房。你对工作的态度决定了你未来的人生成就，在潜意识当中你把它当成一个饭碗，你最多就是混口饭吃，你把它当成一个事业，你就有机会成为一代名师。任何事物都是一把双刃剑，互联网让信息沟通更加方便、更加快捷，它改变了人们的生活方式，同时，也让人们更容易迷失自我。越是在这个信息爆炸的时代，我们越是要定心一处，越是要聚焦一处，越是要去打造自己的核心竞争力。你在一个领域里面没有核心竞争力，你又怎么能赚到钱呢？一个人都不定心，谁又会愿意相信你、追随你呢？

理解老板，感恩老板，成就老板

你想赢得别人的尊重，首先你要尊重别人；你想赢得别人的感恩，你首先得感恩别人；你想赢得别人的支持，首先你就得去支持别人。记得感谢你的教练和老板，谢谢他们一直在逼你！没有放弃你！

一、理解老板

▶ 中国企业家，其实是一群没有安全感的人，但他们却要让全公司的人都有安全感。所以作为员工，你要理解你的公司、理解你的老板。如果你理解不了他，你就会有很多的负面情绪，你一旦理解他，你就知道真的要去帮助他、要去成就他。

全球经济持续下行，老板其实有很大的压力。中国企业经营成长与发展专题报告显示，患有心理疾病的企业家烦躁易怒的症状达到70%，疲劳不堪的有62.7%，心情沮丧的有37.6%，疑心重重的也有很多。

华为总裁任正非是天生的乐观主义者，曾经也抑郁了很长一段时间，他在《要快乐地度过充满困难的一生》一书中提到，华为员工中患抑郁焦虑症的不断增多，他在思考有什么办法能够让员工能正确地面对人生。他表示自己也曾是一个严重的抑郁症、焦虑症患者。真格基金的徐小平也患过两次抑郁症，优客工场的毛大庆也被抑郁症缠身，搜狐的张朝阳也面临过同样的问题。要理解你的老板，理解他以后你才会尊重他，才会知道他的艰难，才会发自内心地去感恩他，去成就他，这样的公司才是一个有正能量的公司，才是一个有爱的公司，员工才是志同道合的一群人。换个角度，很多事情就能想明白了。

二、感恩老板

曾经流传一个故事说，有一个犹太人在一个地方开了加油站，生意特别好，第二个犹太人来了就会开一个餐厅，第三个犹太人就会开一个超市，结果整个片区都会特别繁华。但如果是一个中国人开了一个加油站，生意特别好，第二个人也会开加油站，紧接着就会有第三个、第四个，结果大家都没得做了。

不怕神一般的对手，就怕"鬼"一样的队友。老板最忌讳、最害怕的事情，就是员工"潜伏"几年后离职单干。我也曾遇到过很多这样的事情，后来我要求员工首先要尊重我，感恩我，成就我，而且离职后不能挖公司的客户。我之所以这样要求，是因为公司之前有好几批员工陆续离职后都成了竞争对手，这对于公司和整个行业的发展极为不利，而这些出去的员工往往不懂感恩，无法得到市场的认可，会很快走向倒闭，最终造成双输！

宁与君子做仇人，不与小人做朋友。痛定思痛，我转变思路，要求员工必须遵守游戏规则，必须感恩公司，感恩老板，往往在这种感恩文化的氛围里，大家会一心为公司创造价值。所以，离职的时候，我要么会参股他们的公司，要么会给他们一笔丰厚的离职金，所以大家都相处得很好，后来就没有再出现离职单干、挖客户的事情了。

▶ 理解老板，感恩老板，成就老板！老板有责任为员工提供好的工作环境与福利，同时，也有权力要求员工感恩与成就公司。这就像是一份契约，老板要遵守约定，同时也要求员工遵守约定。恩师常说，若无霹雳手段，怎显菩萨心肠？

练习六：借助客户的能量

识别 10 种微表情，吸引 100 名超级客户

美国知名学者艾伯特·梅瑞曾提出过一个著名的沟通公式：

沟通的总效果=7%的语言+38%的音调+55%的面部表情。因此，只要掌握10种常见的微表情，你就能够知道对方心里的真实意图以及潜台词。

营销有没有结果，取决于有没有找对人、说对话。五步拓客最重要的是分清红苹果、青苹果、烂苹果，而这套微表情识别方法就像是一个X光扫描仪，通过观其神情、察其言情能够直接扫描客户的潜意识，知道他内心的真实想法。

一、什么是超级客户

我所认为的超级客户就是最有价值的超级粉丝，他们深度认可公司及其产品或服务，具备相应的执行能力，并与公司持续合作三年以上，且为公司持续进行转介绍，这就是超级客户的基本定义，而任何公司想要持续发展，必须尽可能地寻找到这样的超级客户。

▶ 如果你能找到一名这样的超级客户，你将衣食无忧。如果你能找到10名这样的超级客户，你将名利双收。如果你能够拥有100名这样的超级客户，你将成为某个行业数一数二的专家、权威。反之，无论你如何努力、如何优秀、策略如何高明都没有意义。

思考一下，你潜在的超级客户有＿＿＿＿＿＿＿＿＿＿＿＿＿＿＿

＿＿＿＿＿＿＿＿＿＿＿＿＿＿＿＿＿＿＿＿＿＿＿＿＿＿＿＿＿。

二、如何识别微表情，发现超级客户

我去楼下买水果，老板娘经常取笑我说："哎，你这个城里老板怕是不会挑水果啊。"我就笑着对她说："是啊，我不大会挑水果，但是我会挑人。"我非常擅长在 100 人的录影棚里，挑选出最适合被催眠的观众，我也非常擅长挑选最优质的客户进行合作，虽然不是百发百中，但是命中概率还是要高出常人许多，其中的秘诀就是微表情 + 敏感度测试。

俗话说"相由心生"，我们通过一个人的表情、着装、肢体语言就可以基本判断这个人的内心信念与行为习惯，每次我录节目前或上台演说之前，都会习惯性地通过目光与台下的观众进行眼神交流，在这个过程中，我基本上就已经通过他们的微表情做出了评估，知道了我的反对者在哪、质疑者在哪、支持者在哪、超级粉丝在哪，接下来我要做的就是聚焦我的超级粉丝，和他们产生链接与互动，赢得他们的尊重与支持，那么，一场节目或是一场演说就会非常成功，反之，就不会达到预期的效果。

三、一对一潜意识营销最常见的 10 种微表情

在一次录郭德纲和孟非的节目时,偶遇了一个名叫姜振宇的微表情专家,恰好我也非常喜欢美剧 Lie to me,中文剧名是《别对我说谎》,所以,对微表情做了一些深入的研究,我发现这种技术在一对一的潜意识营销谈判中极为有效。

微表情是时时在用的底层心理学技术,这套技术能够帮助你快速识别哪些客户对你是真正感兴趣,有强烈的合作意愿,而哪些客户只是在忽悠你、浪费你的时间,从你的口中套取他想要的商业信息。为了帮助大家加深对微表情的理解,我手绘了以下 10 种表情,看你是否能够识别出其中的人类情绪,这个练习或许会比想象中的难。

这 10 种表情我是按照特定的顺序进行排列过的,基于姜振宇先生的研究以及我的练习发现,一般情况下,学过画卡通画的

人都知道，人物形象塑造的关键就是嘴型，我们可以将嘴看成个"一"字。

"n形"通常代表的就是负面情绪，如厌恶、愤怒、焦虑、悲伤、疲劳，而"v形"通常代表的就是正面情绪，如快乐、惊喜、喜悦、胜利。除了嘴型之外，你还可以将对方的左侧脸型想象成一个大"C"，之后找到C字的半弧的中间点，这个点就是我们的"基准点"。与嘴型一样，通常我们出现负面情绪，C的原点就会"向下"滑行，反之，出现正面情绪，C的原点就会"向上"提升。

这10种微表情的内在逻辑是，平静状态下突然被某件事情吸引到了注意力，感觉到惊讶，这个时候不论是人还是动物，在感觉到意外刺激的时候就会停下手中的动作，因为还没有足够的信息能够判断刺激源是好是坏。

如果面对的刺激源是负面的，我们就会判断刺激源的实力如果和自己差不多，就会产生第二种情绪"厌恶"，但如果刺激源和自己差不多厉害，通常为了自我保护就会产生第三种情绪"愤怒"；如果刺激源比自己厉害，即便反抗也没有办法消除威胁，就会产生第四种情绪"焦虑"；如果刺激源足够厉害且造成无法挽回的损失，就会产生第五种情绪"悲伤"；在持续的悲伤与负面情绪中，我们就会感觉到第六种情绪"疲劳"。

反之，如果刺激源是正面的，如果刺激源带来了一定的价值，我们就会产生第七种情绪"快乐"；如果刺激源的价值比较高，我们就会产生第八种情绪"惊喜"；如果惊喜造成了实质性的回报就会产生第九种情绪"喜悦"；如果刺激源即将结束而我们已取得自己期望的目标，就会产生第十种情绪"胜利"。

四、识别微表情的简易口诀

通过对这10种微表情的研究，我们可以迅速判断出客户的真实动机与心理变化，只有这样才能不被假象所迷惑，真正听到客户的"心声"。优酷视频曾找我们拍过一个关于催眠和潜意识主题的纪录片，其中一个环节就是让我站在火车站，观察来来往往的人，通过他们的衣着、肢体语言、面部微表情来读心，结果，准确率达到了70%以上，令人感到不可思议，纪录片播出当天就获得了数百万次的点击。

识别10种微表情，吸引100名超级客户，我自己在实践过程中总结了一条简单的口诀，大家可以作为参考："v嘴正，n嘴负。皱眉因焦虑、抬眉因质疑、摸鼻因谎言、抿嘴因敷衍。视线见真假，向左是回忆，向右是撒谎。（通常情况如此，特殊情况视线需要专业人士先确定基准线）"

五、基于微表情，运用"先跟后带"技术来谈判

▶ 先跟后带是一项常用的心理咨询技术，是我在个案干预时最常用的沟通技巧。所谓"先跟"就是在掌握对方的真实信息后，去充分肯定对方的动机、思维、行为、结果、内在需求等合理情绪，由此建立"共情"链接，"后带"则是要让对方接受我的观点新思维、新结果。这是一对一谈判的重要技术，值得大家反复开练！

六、珍惜每一位超级客户

傲慢绝对是超级客户的第一杀手，它会让超级客户远离你，放弃你，甚至反对你。不管你如何成功，对你的超级客户都应该满怀感恩之心，并持续为其创造价值。很多时候，也需要通过微表情"听"到客户真正的"心声"，只有这样，才能深得人心。识别10种微表情，吸引100名超级客户。找对人才能说对话，人找错了，说得再好都是正确的废话。

面对新客户，凭什么能做到 80% 以上的成交率

我们当年做生意的时候还是挺笨、挺蠢的，在创业的时候就立下"三不"规矩，就是不上门、不提案、不还价。我们既没有业务员，也从不打广告，但我们的业务谈单成交率基本上都是80%以上。

其秘诀就是吸引客户主动来跟我们谈。还记得恋爱营销法吗？男人不强，女人不爱。

我真的是一个非常幸运的人，到现在为止我最早的客户服务已经有 10 多年了，我们公司 10 年以上的客户就占 50% 左右，都是特别铁的朋友。这是因为我们做到了以下四点：

一、追求价值，不要追求客户

男追女隔座山，女追男隔层纱，你去追客户隔座山，客户来追你就隔层纱。如果没有客户来找你，那只能说明你做的这个事情影响力不够大，说明你的积累、你的付出还不够，需要付出更大的努力，创造更大的价值。

我们获取客户的秘诀所在，就是"定心一处，自利利他"，通过占据一个超级词语，打造有影响力的案例和作品，就能吸引到客户的注意力，让他们通过案例得到启发与收获，同时，还要创造出三五十倍以上的回报，客户才会主动来找你。

▶ 我们既要诸恶莫作，更要众善奉行。吸引客户一定要向内求而不是向外求，唯有这样才能持续提升自己的专业水平，唯有真正帮助到客户，他们才会追着你跑。

二、追求卓越，不要追求客户

如果遇到了业务发展不顺利的时候，我们也从不主动去追求客户，因为这样没有什么效果，而且，合作意愿度不高的情况下执行也没办法保证。我们要做的事情只有一件，让自己变得更强，不管是专业能力还是服务水平。就像我之前说的那样，越是厉害的人，越是强调基本动作。几乎每隔7—10年，我们都会遇到一些瓶颈，这个时候，往往最能考验一个人的耐心。

三、超出他的期望值

他认为这个事情60分及格、80分不错、100分上天了，但是，你要想的是怎么样达到120分、200分，要不断超越自己，而不是满足他们的要求。我遇到很多职场新人，其实他们的价值观都是错误的。把客户交代的事情办好了，就行了吗？

远远不行！你要想的是怎样能够办得好上一倍，做到极致，更快、更好、更优秀、更努力、更付出、更有效果！很多时候，我是发自内心地想尽一切办法去成就我的客户们，哪怕他们没有给钱，有一些事情我们也会免费帮他做。哪怕合作结束了，我也会免费给他提供一些资源去成就他、去帮助他。如果，有一些项目我们没有做好，我们会主动地把钱退给他，或者是额外给他一些补偿。

▶ 潜意识营销的终极大招就是让客户赚到，没有捷径可走。

四、经常联系

我之前听过一个课程，说乔杰·拉德卖雪佛兰汽车，有两个绝招，一是发名片，二是写贺卡。受他启发，创业之初，我大约发了两万张名片，然后断断续续写了10多年的贺卡。你没有忘记客户，客户也不会忘记你。但是，我每年都会定期删除一些客户或者同学好友，因为，他们不知道感恩。我要求自己感恩客户、感恩员工、感恩朋友、感恩家人，同样，我也会要求大家感恩于我，因为，只有这样，能量才能回流，友情才能持续。

很小的时候，我妈妈就对我说过，人情第一，事情第二。大家在一起相处做生意，除了赚钱之外，还是要有些人情味的，一个有能量的人往往会恩威并施，刚柔并济。没有人情味的人，也往往无法凝聚人心，获得大家的支持与追随。我相信，你一定会非常讨厌那些好些年从来不联系，一联系就对你提出各种要求，希望得到你的帮助的亲戚朋友。因此，平时多烧香，总好过临时抱佛脚。

面对新客户，做到80%以上的成交率的关键就在于以上四点，知道并不难，做到也不难，难的是三年、五年、七年的长期坚持，难的是每一次都做到。

练习七：借助对手的能量

借助对手的"势能"来做潜意识营销

想必，你听说过这样一个故事。

一群狼经常到一个牧场里去叼羊，结果牧场主用了整整一个冬季，请猎手来消灭狼群。但是过了没多久，羊群就开始大面积流行疫病，他遭受的损失比狼的隐患还要大，这个牧场主又请来了兽医，给羊群进行防疫治病。但是不知道为什么，疫病总是不断发生，没办法，牧场主只好请来了一批又一批的专家进行会诊。专家最终的结论居然是再去找几只狼来，放到附近的山里面去。原来狼的骚扰会使得羊群经常受惊而奔跑，羊群也会因此格外健壮，再加上狼把一些老弱病残的羊给吃掉了，各种疫病暴发的概率将会大幅度降低。由此看来，竞争对手必不可少。

一、既是竞争，也是合作

竞争本身会在受众的潜意识产生一个"聚客"的效应，比如说我们经常去百货商城，每一层都有自己的定位，那么，消费者就会有一个认知，吃饭就去五楼，买运动品牌就在三楼。他可能去耐克看的时候，没有选到合适的衣服，就可能就在隔壁买了阿迪达斯或者其他品牌的衣服，因此对于品牌来说，做大品类才会产生一个聚客的作用，引来更大的客流量。所以同行并不是冤家，从某种角度来看，同行还可以是你的一个依靠。

▶ 多数情况下，我思考的是"竞合"关系，而非"竞争"关系。我们在营销领域往往都会有自己的圈子，同行之间相互交流与切磋，互通有无，非常重要。

二、既是对手，也是对标

竞争对手就像是一面镜子，打造个人品牌与企业品牌时，能够让你看到自身的不足和优势，能够不断进行自我完善和修正，让自己变得更强大。宝马100周年的时候，奔驰就在130周年发布了一个广告，说感谢你100年以来的竞争，没有你的那30年其实很无聊。当你感到迷茫时，最好的办法就是参考竞争对手，看他们怎么制定战略、活动怎么做、广告怎么打、拓客怎么推，他可以给你提供一个参考。

▶ 小的成就要靠自己的努力，大的成就一定要借助对手的势能，通过与对手进行关联或者是制造冲突，往往会取得比个人单打独斗更好的效果。

三、以强打弱，攻其不可守

商场如战场，《战争论》的作者克劳塞维茨曾经说过，如果你无法获得绝对的优势，那么你就必须灵活运用现有的力量，在决定性的地点创造出相对的优势。这段话的意思就是赢了再打、以强打弱、以多打少。

你不要去攻击对手的一个简单弱点，而是要找到他强势当中存在的弱点，因为你攻击他的弱点没有什么意义，他可以快速调整，但攻其不可守，他就没有办法了。世间万物的优劣势都是相对的，比如说可口可乐最大的优势在于它是"正宗"可乐，是可乐的发明者，那么它的劣势必然是不够"年轻"。奔驰的优势是大而"豪华"，劣势必然是驾驶"操作"性能不强。比如说真功夫，它的对手是肯德基，肯德基最大的一个卖点就是通过油炸实现标准化生产，真功夫的进攻策略就是提出"非油炸"更营养的卖点，攻其不可守。

小生意靠自己，大生意一定要靠一个强大的对手，只有借助对手的"势能"，你才能干出一番大事业。我们要在潜意识当中牢记这一点！

找对手，走出战略迷茫期最有效的方法

在我近 20 年的营销战略实战中，发现能够做好这一点的企业非常少，企业往往很少有明确的对手或对标的品牌。多数企业，从一开始就陷入了战略迷茫期。

一、定对手

我们要学会借助消费者的力量，进行潜意识调研。具体是指，在七秒钟以内，让目标受众说出该领域的第一名。我们将其作为对标，进行参考。因为他掌握的资源往往是最好的，在他的附近一定有巨大的"金矿"，但是，你不要和他发生正面竞争，你可以沿着金矿找到另一座你比较熟悉的山头，从而占山为王。

新品牌推出新品类时，建议尽量以老品类的领导者作为对标，但推出的新品类尽量在某一方向有着明显的竞争优势，且这种优势要获得老品类潜在顾客的关注与认同，要让顾客产生强烈的共鸣。你的价值主张最好与对手截然相反！

▶ 找对手的终极目的在于超越对手，构成不竞争。

二、定对面

毛主席从不和苏联人比喝酒，作为湖南人他比吃辣椒，这就是竞争智慧。我们要想办法站在对手的对立面或是他的弱势面。千万不要以火攻火，你要以水攻火。最佳状态是从对手的弱势面而又是自己的"优势基因"中寻找进攻机会，就像太极一样，要学会借力打力。对方的优势背后，往往隐藏着他的弱势。找对手，是走出战略迷茫期最有效的方法，其目的就是超越对手、没有对手，所谓对手，只是一个参照物而已。

在受众的潜意识当中，你的对手是＿＿＿＿＿＿＿＿＿＿＿＿。

他的强中弱势是＿＿＿＿＿＿＿＿＿＿＿＿＿＿＿＿＿。

练习八：借助媒体的能量

把潜意识营销效果放大一亿倍

真金不怕炉火红，酒香不怕巷子深。这两句话已在民间流传了数千年，但是，这句话本身是有问题的。古代的著名故事"姜太公钓鱼""毛遂自荐"，从营销学的角度来看，就是成功的个人品牌公关行为。因此，过硬的产品是基本，市场营销才是决胜点，其中媒体公关与广告往往是决定营销战的"胜负手"，可见，媒体的重要性与影响力。

一、找到专家

▶ 任何时候干任何事情，你都必须首先弄清楚自己的对手是谁，自己的盟友是谁。因此，寻找最初的 100 个红苹果，是首要工作。

其中，专家和意见领袖是最有价值的红苹果，而自己成为专家，是找到专家和意见领袖的前提。因为人以群分，物以类聚，你自己不是专家,就很难和专家成为真正的朋友,他们也不会把你当成"自己人"。

基于你所在的行业与品类,你占领的超级词语是＿＿＿＿＿＿,那么,对应你的行业与品类,你只需要接触这个行业协会的会长、秘书长及其中的积极分子,你就能够掌握这个行业的一手资源与信息。这类人,往往是具有高势能的种子用户。另外,行业媒体记者也是消息灵通人士,同样需要重点关注。

二、找对媒介

1. 坚持写作

其实,最有效的媒介不是央视、卫视和各大强势媒体,最有效的媒介其实是行业内的专业媒体,因为它们的目标受众更精准,所以,传播效果会更好。有了行业媒体作为基础,在企业发展逐步壮大的过程中,我们再考虑借助更强势的媒介平台,逐步壮大。

2. 用优质内容来公关

我投资的某个创业项目与全球第一大音频平台合作,该平台居然投入现金445万元等价流量合约邀请我入驻,分享睡眠或催眠内容,我们居然拖了两年都没去生产内容,因为类似的平台邀请实在太多了,我们需要考虑在引流的同时,能否继续强化我们的超级词语。第二大音频平台首次合作我们就登陆了该平台的首页，直播时的观众高达十余万人。我们的观点是内容第一，平台第二。你有足够优质的内容，一定能够吸引到平台方的支持。

▶ 中小企业或是在公司里负责营销工作的小白，要钱没钱、要人没人、要流量没流量，那该怎么打广告、做公关呢？我一直在强调，无论在哪一行，都只有成为专家才有可能成为赢家，因此，你必须要干一行、专一行、精一行。专注一个行业，一个"词语"，做专！做精！做深！深入受众的潜意识形成条件反射，这就是超级营销。

具体方法是挑选出这个行业最权威的一本书，把它读通、读透，至少要读10遍，我说的是至少！据恩师说大师兄把某本书读了300遍！很变态，对不对？这个变态的家伙，最终取得了非常变态的成就。

其次，最好能够把目录背下来，且举一反十，提出自己的新观点与看法，找到三五十个志同道合的书友，组成读书会，交流各自的读书心得与体会。以我的经验来看，如果能够与全国的书友一起交流，则进步会更快。

把这一本书的读书心得结合你所在行业的实践，提出自己的独到看法，但必须是干货，必须有价值，能够给别人以帮助、以启发。然后，全面传播你的观点。将写好的内容，拿去投稿，以前是投给杂志社，现在可以投给自媒体，上传百度文库，发布在微信、微博、抖音、快手、百家号、付费知识平台或者去撰写内参。

我相信未来将会出现更多的新媒介，所以我们不要去追赶媒介，而是要追赶优质内容，因为媒介易逝，内容永存。慢慢地，你就会在圈内积累一定的影响力与知名度，同时，按照我的经验来看，这期间你会吸引到一定的客户前来交流、合作。渐渐地，你的收入水平也将随着你的专业提升而水涨船高。不过，这需要大量的时间积累，短则两三年，长则数十年。

三、找到经纪人

现在你只需要做到的是将行业里的会长、秘书长、积极分子转化成经纪人，同时，将大媒体的导演、记者、主持人、媒体人转化成经纪人就可以了。因为，这两类人对行业的影响是最大的。除此之外，就是将你的客户变成经纪人，在这些经纪人当中，你一定要重点培养两三名死党，因为一个死党胜过10个经纪人，胜过10个红苹果。很多事情自说不如他说，他说不如传说。通过以上三步，就有机会引爆话题，制造品牌传播的可能性。

把潜意识营销效果放大一亿倍，其实并不难，以我的经验来看，如果方法正确其实连一年的时间都不用，但如果方法不对，就是努力一辈子也很难做到。

你的经纪人，有可能是＿＿＿＿＿＿＿＿＿＿＿＿＿。

你打算读 300 遍的书是＿＿＿＿＿＿＿＿＿＿＿＿。

流量成本越低，潜意识营销胜算越大

其实商业的本质就是占据人心、占据潜意识，而占据人心的关键就在于获取足够的流量。大家可以看到，千百年来商业的基本原则并没有发生改变，一个是人心，另一个是流量。

▶ 打开淘宝、天猫、京东，输入任何一个品类词，比如"男装"，你就发现第一名跟第二名的销量就会差一到两倍，而第二名跟第三名又差了一到两倍，第七名，销量就会比较少了，排在第二页的产品几乎就没什么销量了。

在互联网时代占据一个超级品类、占据一个超级词语、占据首屏位置、占据流量，就变成整个企业营销的核心战略之一。

一、简化信息

你要先确保，你想占领的超级词语是＿＿＿＿＿＿，因为，主打一个词语，就是流量成本最低的潜意识营销方式，占据这个超级词语就能占据受众的潜意识。

二、媒体公关的三个办法

在所有工作展开之前,一定不能忘记你做的一切只是为了占领那个超级词语而已。我们所有的营销工作,都是为了在用户的潜意识中占据某个品类的首选位置,因此,我们只是在不断强化潜意识当中对这个词的认知。

1. 筛选优势媒介

一个品牌的媒体公关与信息传播渠道,通常会有几个核心媒体发布新闻源,之后通过二三级媒体分流发酵,最终传播到目标受众。因此,你要画出一张行业内的媒体信息传播图,从这张图中找出关键媒介的关键人,这样,你就能够掌控媒体的舆论方向了。

当然,我们也不能为了发稿而发稿,稿子发出之后的到达率与成交率才是我们的目的所在,因此,在完成媒体的信息传播图之后,我们还需要根据"达→成→稳→增→盟"这五个拓客步骤再画一张成交转化图,确保达成效果。

2. 建立 PGC 战略合作

为了构建稳定的传播渠道,我们通常会与熟悉的记者建立长期的内容合作模式,一方面我们会提供最新的内容给到他们,同时，他们也会承诺给到我们比较好的推荐位置。这里面，最常见的是 PGC（专家生产内容）战略合作模式，详见各大视频及音频网站。

3.建立私人关系

首先声明一点，最优质的内容从来不需要给记者塞"误餐费"或是"车马费"，其次，你给这些红包，大记者们也没有什么感觉，也从不会在意。在意的，肯定不会是大记者，也发不了一些大稿特稿。因此，建议大家用优质的内容争取合作，往往效果会更好。同时，真诚地和对方交朋友，多多往来，就可以了。

▶ 流量成本越低，潜意识营销胜算越大，其前提必须是占据一个超级词语，必须是以强打弱，以多打少。传播不是目的，占据市场才是。不知道大家有没有试过拨打各个地区的新闻热线进行爆料，这种方法看似很 LOW，很粗暴，但是，很有效。

不信？你试试！

练习九：借助天地的能量

占领节日，就能占领集体潜意识

站在心理学角度来看，从古至今凡是能够被人们称为节日的，都是整个社会或集体潜意识里面认可的精神文化时间段，这是集体潜意识当中的一种特殊势能。

一、节日就是需求

它是一种埋藏在每一个人心里的一种情绪，一种需求，如果这种情绪和需求没有被释放出来就会有一种失落感和沮丧感，他就会感觉自己被忽视了，感觉自己掉队了，所以为了避免心中产生这种挫败感，他们会积极，主动参与到节日的庆祝活动当中来。

其实每一个节日都是一个非常好的天时，这是老天安排的一个时机，不需要你刻意营造销售氛围，这个期待与关注度就有了，往往这时候做一些传播或者营销活动就能够达到事半功倍的效果，轻松借势！

二、制造节日

比如说，中国的四个传统节日春节、清明、端午、中秋，这是每个人都知道的，每逢佳节倍思亲，已经进入人们的集体潜意识。传统节日如果还不够用那就是拿西方的节日来凑，如果还不够就自己制造节日，比如天猫"双11"、京东"618"，还有各个公司的周年庆，其目的就是让客户买买买。另外，在中国的传统文化中，还有一些特殊的节日属于"特权瞬间"，例如，生日、百岁、乔迁、婚礼等，在这些特殊的日子里，如果你许个心愿，例如预售、招商、促销活动往往会有更多人参与支持。

三、"节前731"错峰营销法

面对各种节日，大家都扎堆在做活动，各种营销活动让人目不暇接，在这样的情况下，怎样巧借天时"跳"出来呢？

我就提出一个错峰营销的概念，所谓错峰营销就是错过高峰，根据我的经验判断，认为有三个时间段是非常好的，就是"节前731"错峰营销法。

▶ **具体是指：节日前七天制造新闻或投放广告，节日前三天话题达到顶峰，节日前一天发起活动，节日当天完成促销，这样的活动一般适合品牌招商及事件营销。**

占领节日，就能占领集体潜意识。365 天，每个行业都有相对应的一些特殊节日，也是"吉时"。比如说 3 月 21 日是世界睡眠日，5 月 11 日既是中国定位日，也是中国肥胖日，9 月 11 日是预防自杀日，每一个时间段对不同的行业都有不同的含义，在这种情况下，媒体其实也要寻找内容，寻找新、奇、特的新闻点，所以在这个时间段我们制造内容会更容易获得媒体的传播，通常情况下，我建议提前三个月准备，提前七天启动，提前三天引爆。

每逢佳节战火连天，节日营销必须"错峰"出行。

一年当中，你最重要的节日是＿＿＿＿＿＿＿＿＿＿＿＿＿。

你将如何借势宣传？＿＿＿＿＿＿＿＿＿＿＿＿＿＿＿。

城市势能在哪，潜意识营销的机会就在哪

一个项目、一个品牌，想要取得一个好的结果，就必须要有一颗好的种子及好的土壤，这个种子指的是企业的优势基因、天赋所在，这个土壤就是城市的优势基因与潜意识资源。

大部分人在潜意识中认为，北京是政治文化中心、上海是经济金融中心、广州是商业贸易中心、深圳是科技创新中心、杭州是互联网中心，这就是北、上、广、深、杭五个城市的主要定位，它们分代表着政治、金融、贸易、科技、互联网五个"品类"的城市头牌，实现了一词定心！

一提到湖南就会联想到伟人故里，想到湖南卫视芒果台。因为湖南的媒体湘军、出版湘军、文化湘军做得还不错，因此被誉为世界媒体艺术之都，因为湘菜的原因，也被评为世界美食之都。其实，每个城市在大众的潜意识认知中，都有一个势能，我们究竟该如何借势呢？

一、量体裁衣，因地制宜

华为启动的国际市场就是非洲和一些第三世界国家，该公司研究国家形势与国际形势后发现，太穷的国家没有支付能力，赚不到钱。太有钱的国家看重的是欧美大公司，不会选择华为，只有现在经济紧张，但是未来发展有潜力的国家才最适合华为。

这个思维其实很清晰，但是真正做起来却很艰难，华为的可贵之处在于坚持，能够屡战屡败、屡败屡战地坚守，从 1995 年开始，经历了六年漫长的打拼一直到 2001 年才在国际市场有了一定的效果。到现在为止，华为产品已经深入非洲、亚洲的十几个国家，已经是世界排名前三名的通信集团。

二、以强打弱，避实就虚

德克士在 1996 年到 1998 年之间也曾有过一腔热血，想和麦当劳、肯德基在一线市场正面对抗，硬碰硬，短短两年时间在 13 个大城市建立 54 家直营店，但由于品牌影响力小、运营成本高，持续亏损，不得不壮士断腕，关闭了北京、上海、广州的分店，之后德克士吸取教训开始农村包围城市，面向肯德基、麦当劳搞不定的二、三线市场，主打西北市场。

在城市选择上德克士只选择那些非农业人口在 15 万人以上，

居民平均收入 4500 元以上的地级市，或者是在一些山区，他们有自己的一个标准。德克士就是避实击虚，避免了和肯德基、麦当劳的正面对抗，德克士聚焦二、三级市场以强打弱，成为当地西式快餐第一品牌。后来，即便是麦当劳、肯德基进入二、三级市场，不管是营业额还是影响力，德克士都处于领先位置，到底是农村包围城市还是城市包围农村，需要因人而异，更需要因地制宜。适合你的就是最好的，就是标准答案。

▶ 借助这些在人们潜意识中已有的认知进行创业，胜算相对会更高一些。反之，创业难度会成倍增加，因为，顺心者昌，逆心者亡！虽然我们不知道这样做是否会成功，但是，我们至少知道不这样做多数会失败。

你在＿＿＿＿＿＿（城市），你的城市势能是：＿＿＿＿＿＿。

你打算如何借势？＿＿＿＿＿＿＿＿＿＿＿＿＿＿＿＿＿＿

＿＿＿＿＿＿＿＿＿＿＿＿＿＿＿＿＿＿＿＿＿＿＿＿＿＿。

第三章的核心思想就是借助九种能量，修炼一颗强大的内心，七年赚到七套房。如果你努力了七年却仍然一无所获，建议你不要放弃，因为，我也不是每年都赚到了一套房，我也是反复失败多年后才突然之间发力，能力与财富实现了倍增。而且，一段时间的成功之后，一定会遇到挫折与失败，这个时候又要进入轮回，周而复始。你或许会遭受失败，或许目标并没有如约完成，这些并不重要，重要的是你不能放弃，重要的是你必须要找到目标没有完成的真正原因，并且去面对它！改变它！战胜它！

▶ 人有悲欢离合，月有阴晴圆缺。人生拼到最后，拼的既不是天赋，也不是人脉，更不是营销方法，而是你的内心。创业17年，支持着我一路走来的不是某个方法，而是那句超级咒语——越倒霉，越努力，越神奇。

有些人说，人生没有意义，反正是到头一场空。这让我想起了小时候挥汗如雨地练习投篮与控球；中年时候的自己每天完成工作之后，还要在健身房里喊着"嘿嘿嘿，嗯嗯嗯"地撸铁；每天早上凌晨三四点起床读书、写作……这些事情之所以有意义，是因为它们给我带来了快乐，如同游戏一般，很爽！人生不就是一场游戏吗？

不全心开练，怎么会爽呢？

▶ **第三章思考题**

以个人品牌为例,请问问你自己:

1. 未来七年,你将专注于哪一件事?

2. 家人当中,在事业方面能够帮到你的三个人是谁?

3. 你如何找到最适合自己的教练?

4. 同学当中,谁对你的帮助是最大的?

5. 如何获得老板的信任与支持?

6. 做些什么,能让你的成交率达到 80% 以上?

7. 你的对手是谁?如何借助他的势能来做潜意识营销?

8. 你有媒体方面的朋友吗?你敢不敢试试爆料热线?

9. 你最常居住的城市是哪里?这座城市最强大的势能是什么?你该如何借势?

| 自测 |

潜意识营销诊断

练习的关键在复习。最后！我们通过营销诊断工具对本书的关键知识进行一个系统的复习与自测，这将帮助你提升营销水平与实践能力。

1. 你是否知道营销学当中，万变不离其宗的"宗"是什么？

☐ A. 不知道　　　　☐ B. 说不清　　　　☐ C. 知道

2. 你了解定位、4P、USP、CIS 等营销专业知识吗？

☐ A. 不了解　　　　☐ B. 说不清　　　　☐ C. 了解

3. 你是否相信潜意识营销技术是科学的、有效的？

☐ A. 否　　　　　　☐ B. 信一半　　　　☐ C. 信

4. 你是否有营销方面的教练或导师？

☐ A. 无　　　　　　☐ B. 说不清　　　　☐ C. 有

5. 你个人有没有清晰的对手或偶像？

　　□ A. 无　　　　□ B. 说不清　　　　□ C. 有

6. 你是否在一个行业从业七年以上？

　　□ A. 无　　　　□ B. 说不清　　　　□ C. 有

7. 你是否知道什么是强势品类，什么是弱势品类？

　　□ A. 否　　　　□ B. 说不清　　　　□ C. 知道

8. 未来，你是否打算聚焦在某一行业（品类）？

　　□ A. 无　　　　□ B. 说不清　　　　□ C. 有

9. 你在哪一个行业（品类）有机会能够成为第一？

　　□ A. 无　　　　□ B. 说不清　　　　□ C. 有

10. 是否能证明你能做到行业（品类）第一？

　　□ A. 否　　　　□ B. 说不清　　　　□ C. 是

11. 你的名字是否简单、易记、易传播、能注册？

　　□ A. 否　　　　□ B. 说不清　　　　□ C. 是

12. 怎样找到大客户，你知道吗？

　　□ A. 否　　　　□ B. 说不清　　　　□ C. 是

13. 能否用一句话来"说动"大客户购买你的产品或服务？

　　□ A. 否　　　　□ B. 说不清　　　　□ C. 是

14. 你是否练习过 60 秒自我介绍，超过 100 遍？

☐ A. 否 ☐ B. 说不清 ☐ C. 是

15. 你在这个行业（品类）里是否有七个以上的客户是死党？

☐ A. 无 ☐ B. 说不清 ☐ C. 有

16. 你是否热爱自己的职业或产品？

☐ A. 不 ☐ B. 说不清 ☐ C. 是

17. 你现在能否想象一头粉红色的大象正站在一个绿色的大气球上面？

☐ A. 否 ☐ B. 说不清 ☐ C. 能

18. 你是否尊重、感恩你的老板？

☐ A. 否 ☐ B. 说不清 ☐ C. 是

19. 你是否擅长借助家人的能量？

☐ A. 否 ☐ B. 说不清 ☐ C. 是

20. 你是否擅长借助教练的能量？

☐ A. 否 ☐ B. 说不清 ☐ C. 是

21. 你是否擅长借助同学的能量？

☐ A. 否 ☐ B. 说不清 ☐ C. 是

22. 你是否擅长借助客户的能量?

☐ A. 否　　　　　☐ B. 说不清　　　　☐ C. 是

23. 你是否擅长借助对手的能量?

☐ A. 否　　　　　☐ B. 说不清　　　　☐ C. 是

24. 你是否擅长借助媒体的能量?

☐ A. 否　　　　　☐ B. 说不清　　　　☐ C. 是

25. 你是否擅长借助天地的能量?

☐ A. 否　　　　　☐ B. 说不清　　　　☐ C. 是

选A计0分，选B计1分，选C计4分。80分为及格分！

如果你不知道问题的答案，那么，请认真回顾这本书，它不仅会告诉你答案，同时，还会帮你做出"结果"。

| 彩蛋 |

成交率高达 80% 的潜意识营销工具包

在我看来，潜意识营销工具包的重要性丝毫不亚于一名剑客手中的宝剑，一名战士手中的狙击枪，一名摄影师手中的单反相机，一名小提琴家手中的乐器……

此工具包曾帮助我们公司做到 80% 以上的年成交率，并通过我们的客户长达 17 年的验证，对成交额度及成交率均有显著提升，如果你在此潜意识营销工具包的基础上不断迭代，你也一样可以做到超高成交率！

工具分类	工具细化	细则说明
礼品工具	礼品介绍	1. 礼品选择：选择实物礼品而非虚拟礼品，最好有一定的实用性，要让客户觉得是占了便宜、得了好处。 2. 礼品价值：塑造礼物的价值感，最好有助于合作签单。例如：公司或客户的公仔、产品、书籍、内参等。

续表

工具分类	工具细化	细则说明
介绍工具	个人介绍	3. 自我介绍：60秒介绍话术。 4. 找到证书：职业资格证书、文凭、荣誉等。 5. 找到证据：你曾帮助多少企业创造多少收益。 6. 找到证人：找有影响力的客户为你写封推荐信。
	企业介绍	7. 介绍视频：120秒以内，围绕品牌三问展开。 8. 找到证书：诸如专利、政府及行业证书等。 9. 找到证据：企业曾合作过多少客户创造多少收益，尽可能的数据化、图表化。其次，最好有权威媒体报道，如报纸、电视、官网截图等。 10. 找到证人：找有影响力的客户为企业写封推荐信。
	对手介绍	11. 对比表格：针对主要竞争对手形成"关联"并进行优劣势对比，通过一张"对比表"让客户一目了然地知道为什么选择你而非你的对手。千万不要弄虚作假，扬长避短即可。
谈单工具	现场诊断	12. 诊断表格：各行业都可以升级为咨询业，都可以做张"一页纸"诊断问卷，帮助客户找到需求、痛点及解决方案。 13. 现场提案：这是考验业务员的关键点，资深业务员往往会在见面之前就已经打了"腹稿"，通过不断的论证帮助客户找到综合解决方案，赢得客户的尊重与信任。
	案例介绍	14. 案例分类：对公司客户进行ABC分类，不同客户展示不同案例，让客户有强烈的代入感。 15. 案例对比：一定要有前后数据及效果图对比，让客户实实在在地感受到与你合作有何好处，不合作有何损失，既要有大方向，也要有一些小细节，最好是有一些故事性。

续表

工具分类	工具细化	细则说明
签约工具	合同介绍	16. 客户合同：在不影响"保密条款"的前提下，可以展示与知名企业签署的合同原件，如果你有1个亿的合约原件，那么你去签个1000万就会变得很容易。如果你有1000万的合约原件，那么你去签个100万也会变得很容易。
		17. 合同条款：越简单越好！
		18. 转账设备：准备好POS机等转账设备，最好是现场签约现场交全款，如果做不到，一定要收不少于50%的定金。
转介工具	转介介绍	19. 转介名单：此时可以推出一个促销政策，分享一个转介名单就赠送×××元的服务或产品，并请客户先做铺垫和预热。
		20. 转介文案：准备一条客户用的转介文案，用于客户"朋友圈"做转发。

以上20条细则，每条计5分，60分及格。按此标准，你的工具包打＿＿＿分。

潜意识营销工具包是本书中"最落地"的终极武器，没有之一。任意两类工具组合使用，都可以构成一个"能量场"。如果你能够拥有一流的潜意识营销工具包，你必将成为一流的营销大师。创造合适的潜意识营销工具包会让营销效率大幅度提升，甚至会达到倍增的奇效。以上细则，各位读者不必死记硬背，你只需要按图索骥即可，基本原则是"三分说七分问"，每条细则的内容最好不要超过一张A4纸，另外，潜意识营销工具包需要不断更新、迭代、超越，最好每月一更。

开练：潜意识营销才是超级营销

我强烈建议每家公司都发动所有的营销人员，来精心设计、制作属于自己公司的潜意识营销工具包，并进行PK，同时，我建议每位营销人员要不断地熟悉和练习工具包的使用。就像是剑客不断地磨炼自己的剑术，狙击手不断磨炼自己的射击水准，摄影师不断地磨炼自己的创意能力，小提琴家不断磨炼自己的琴艺……

正如我之前提到的那样，如果用耳朵听，知识保留5%；用眼睛看，知识保留10%；视听结合，知识保留20%；分组讨论，知识保留50%；练习操作并加以实践，知识保留高达75%；向别人讲授并快速使用，知识保留90%。事实一再证明："学"和"练"的实际差距不是10倍，而是18倍左右！

滴水穿石，不是力量大，而是功夫深。学再多，说再多，讨论再多，都不如一个字：练！既然练不死，就往死里练！潜意识营销才是超级营销，42天开练大行动，你我开练！

后记

42 天开练大行动,你我开练

大变化也意味着大机会,正如序言中说的那样,"乱世"出英雄。2018 年是一个时代的拐点,2019 年将是一个全新的起点。希望本书能够帮到更多职场的新人朋友们,或许,你正在经历迷茫、挫折、打击、冷漠、失望……你可以选择消极应对,你也可以将它视为一个"刺激",从而开启你的神奇人生。

▶ 移动互联网时代,缺的不是学习!是练习!回顾全书,本书只讨论了一个话题——开练!练什么?潜意识营销!为什么?少走弯路多赚钱!练多久? 42 天!

本书针对的是 20—35 岁的职场新人。如果要我用一句话来概括这本书,我会毫不犹豫地说:"这是一本可练习的营销心理类图书,核心观点是潜意识营销才是超级营销。"我试着总结了恩师、大师兄及自己,三代营销人的成功与失败,从中发现了潜意识营销 = 营销战略 + 潜意识沟通这一等式,并延伸出了三原理、六步骤、九能量。如有不足之处，请你斧正。

14年前，恩师在台上我在台下，我有幸听到了恩师张大旗老先生的一堂"个人品牌营销公益课"，而恰恰是那一堂公益课改变了我的一生。

成人达己，成己为人。通过14年的努力，我从台下走到了台上。为了回报社会，也为了帮助更多和我当年一样迷茫、困惑、找不到人生坐标与定位的职场新人，以及在经济转型期间倍感焦虑、抑郁，常常失眠的中小企业家们，我愿意每个月至少拿出两天时间来做"个人品牌公益课"的分享，这是推广潜意识营销体系万里长征的第一步，是42天开练大行动的重点工程，更是在践行公益事业，传播大爱。

自古以来，先做人后做事，先有名后有利，打造个人品牌是潜意识营销体系的入门基本功，这是千百年来未曾改变过的基本规律。商业史无数次证明，有个人品牌你讲的话才会有人听、有人信、有人做。各行各业最杰出的精英，都是因为成功地打造了个人品牌而走向了人生与事业的巅峰。例如：企业界的马云、雷军、董明珠；体育界的姚明、刘翔、田亮、邹市明；知识界的罗胖子、吴晓波、樊登；娱乐界的汪涵、郭德纲、孟非、徐峥，以及更多载入史册的传奇人物。

▶ 42天"个人品牌公益课"开练大行动，你我开练！我相信终有一天，你也可以从台下走到台上！

后记：42天开练大行动，你我开练

公益课程	关键点	价值点
不同之处	公益化	公益课程除去场地、人工及授课老师的差旅费用平摊之外，不再收取任何费用，每期公益课将会"公示"财务收支情况。
	体系化	杀鸡用牛刀，将企业品牌打造的一等式、三原理、六步骤、九能量，降维应用于个人品牌的打造。
	结果化	这套体系帮助我们曾获得汪涵等110人采访，高新区政府资金扶持，千万级风险投资，创造了全球100000000次视频点击与相关媒体报道，成功开创了两套全新理论，出版了数本专业图书，获得多项国家专利技术。帮助"谭大头"等数十名客户打造个人品牌，销售业绩增长十倍甚至百倍，受梦洁集团、北辰集团、金茂集团、和记黄浦集团等企业邀请做专题分享。
课程简介	战略类	包括个人品牌定位、命名、形象包装、理论创新、图书出版、行业公关、商业模式设计等知识点的介绍及案例示范。
	战术类	一对一大单销售技巧，以及如何降低记忆成本、降低传播成本、降低成交成本，如何掌握凝聚人心的能量等技巧，助你成为职场与商场的"特长生"与"尖子生"。
参与方式	方式一	由企业或协会在当地组织赞助，达到100人后我们过去讲。
	方式二	直接扫码与我的助理联系，填写公益课程申请表，通过审核后即可免费入学。
后续课程	收费类	公益与收益两者并行，个人品牌落地课与定制课将采取收费形式展开，并提供更全面、更系统的营销指导与资源整合。
针对人群：职场新人、中小企业家及各行业协会		

开练：潜意识营销才是超级营销

① 和记黄埔

② 盈峰翠邸

③ 北辰集团

④ 玛丽亚医院

⑤ 梦洁集团

后记：42天开练大行动，你我开练

⑥汪涵、郭德纲、赵屹鸥、徐峥、李维嘉及各大卫视专访

▶ 智者主动开练，愚者听天由命。虽然命由天定，但是运在人为，只要有一颗强大的内心，借助潜意识的能量，你就能开创属于自己的神奇人生。没有人知道努力过后会怎样，但我知道如果不努力，会后悔！

去年，我写了一本营销内参名叫《定心新战略》，属于内部保密教材，只在好友之间"秘传"，不对外、不发行、不签售，本人在内参中首次提到了潜意识营销理论，没想到，就是这本秘而不宣的内参，在整个营销圈造成了不小的影响。接下来，我会细细打磨，择机推出《定心》或《催眠》一书，之后，会陆续推出"开练／潜意识营销"系列图书，未来10年，我应该至少会再出五本书，期待你的关注。

感谢阿琪思王岩朋先生在本书的封测期团购了3000本，领讲台胡干作团购了2000本，细莫食品莫静波团购了500本，微领地李晓红团购了100本，虾忙陈大胜团购了50本，以及许多不知道名字的企业家们的热心支持。

其实，最感谢的是我的太太，在这一年当中，她辛苦了，儿子东东出生前后她牺牲了很多，没有她的理解与支持，就没有这本书。哦，对了，我的一双儿女，也是我创作此书的原动力，谢谢你们俩。

从入行开始，我就立志要做一家影响力最大的小公司，虽然我们工作室很小且人手有限，但是我们非常挑客户。同时，我们也与国内多家大型基金公司建立了联系，在大健康领域特别优秀的项目我们不但可以提供战略咨询，还可以对接风投机构或政府基金，帮助企业获得资金扶持。与此同时，我们也欢迎专注"大健康"领域的投资机构与我们取得联系，"资本加智本"模式将是我们专注的重点。

在写作本书的过程中，我遇到了种种困惑与难题，因此我接触到夏毅、李湘群、冯卫东、于雷、邓辉哲、李平、程放、李克、空手、何凡、盘子、何一山、程花匠、王岳盛、张兵、记豪、快刀何、章红亮、乾坤、申珂嘉、艾米、李晓红、邓叶青、曾帅、曾俊杰、李大锤、莫述村、胡干作等同道，同时，还要感谢姚劲波、陈小华、戴跃锋、吴阔、董明珠，以及帮助过我的创业导师们，谢谢你们。

我是军师唐堂，职业是营销咨询师。如果你是大健康行业的企业家，想找营销咨询师，来找我。如果你想出一款健康食品，来找我。如果你想出一款睡眠产品，来找我。如果你想出一款美妆产品，来找我。如果你想不花一分钱打造自己的个人品牌，来找我。如果你想成为行业第一人，来找我。如果你想不到一个绝妙的名字，来找我。如果你设计不出一款有销售力的产品包装，来找我。如果你对营销战略一无所知，无从下手，倍感迷茫，来找我。如果你是大健康行业的投资人，想找最好的项目来投资，来找我。当然，如果你身边的朋友有上述需求，最好让他——来找我。

▶ 假把式光说不练，笨把式光练不说，好把式能练更能说。请你务必将从《开练》中学到的知识，在三天之内以"读后感"的形式，发布在自己的朋友圈、公众号、微博或其他社交平台，并分享给你身边的朋友们，这样做的好处在于既能复习所学知识，又能帮助更多的朋友，同时还帮了我一个大忙。教是最好的学，没有输出的练习，等于白练；没有输出的练习，等于浪费时间；没有输出的练习，算不上刻意练习！请号召你身边的朋友们，一起来参与42天开练大行动。哦，对了。挑战成功我并没有礼物送给你，或许，老天会有吧！

德不孤，必有邻。感谢所有支持我、认可我的朋友们。与其说教，不如开练。与其纠结，不如开练。与其迷茫，不如开练。打造个人与企业品牌，学十遍不如练一遍！让我们读《开练》，一起练！读《开练》，反复练！

最后，再考考你。请拿出一张白纸，把潜意识营销的一等式、三原理、六步骤、九能量都默写一遍，如果想不起来了，就努力地想一想，最后再查书。最好编写一个属于你的记忆口诀，然后每隔一个月，再默写一遍。废话少说，练！

42天

你我开练！

▶读《开练》，一起练！42天开练大行动，等你来挑战！我是唐堂，感谢你选择此书。祝你：心想事成，练有所成！ 军师 42天开练大行动发起人